Ce qui nous relie

Alexandre Lacroix

Ce qui nous relie

Æ
Allary Éditions

À Marcello

« La presse, la machine, le chemin de fer, le télégraphe sont des prémisses dont personne n'a encore osé tirer les conclusions pour mille ans. »

FRIEDRICH NIETZSCHE,
Le Voyageur et son ombre (1879), § 278

1

Cédant à la morosité, si ce n'est à l'atmosphère de déclin de l'Europe contemporaine, il m'arrive parfois de regretter que, depuis ma naissance, le train de l'Histoire ne soit pas passé. Il y a certainement des périodes qui vous transportent, qui vous appellent, qui vous soulèvent, qui balayent les occupations un peu égotistes et paresseuses auxquelles la paix et le confort vous réduisent. Ainsi, j'imagine qu'il a dû être exaltant de participer à la découverte de l'Amérique, à la Révolution française, aux conquêtes napoléoniennes ou à la chute du Mur de Berlin. L'inconvénient des époques sans heurts, c'est qu'elles recroquevillent. Elles favorisent le carriérisme davantage que l'ambition, la gestion davantage que la politique, le recyclage davantage que la création. Ce sentiment d'être arrivé trop tard, d'être assigné à résidence dans une zone terne de la succession des siècles, est répandu, je crois, chez les gens de ma génération. Cependant, il est possible que nous ne nous laissions aller à cet auto-apitoiement, à ces lamentations, que par manque de sens historique réel. D'autres fois, je me dis au contraire que nous avons eu la chance d'être les spectateurs d'un bouleversement de premier ordre, puisque nous avons été les contemporains de ce que certains observateurs ont judicieusement nommé la « troisième révolution du signe ».

La première révolution du signe eut lieu vers trois mille quatre cents ans avant Jésus-Christ, entre le Tigre et l'Euphrate : l'écriture est née des fleuves. Les hommes ont commencé par réaliser des empreintes à l'aide de roseaux coupés dans des tablettes de vase fraîche. Dans les civilisations du Croissant fertile, cette technique d'inscription a d'abord servi à dresser des listes. Peu à peu, les scribes ont recensé les biens des propriétés agricoles, conservé la trace des relations de filiation et de parenté pour assurer la bonne transmission des héritages, tenu des registres de comptes, énuméré les coutumes et les lois, agencé les premiers codes juridiques. Très tôt, ils ont également fabriqué des lexiques bilingues, afin qu'on se comprenne et commerce d'une langue à l'autre. Par un labeur plus que millénaire, les civilisations proche-orientales et méditerranéennes sont passées de la culture orale à l'écrite : alors qu'ils supposaient auparavant une transmission vivante, les chants épiques, les traités savants, les poèmes, les discours, les doctrines philosophiques ont été déposés sur des supports solides, à partir du VIIIe siècle (l'*Iliade* et l'*Odyssée*) et plus encore du VIe siècle avant Jésus-Christ (premières traces archéologiques de l'*Ancien Testament*). L'avènement de la première révolution du signe a été lent, mais il a fait basculer l'humanité de la Préhistoire dans l'Histoire.

La deuxième révolution du signe est l'invention de l'imprimerie, dont le mérite ne revient pas à l'Europe, comme on le prétend généralement en France, mais à l'Asie. Les premiers caractères de typographie mobiles ont été confectionnés par un Chinois, Bi Sheng, au XIe siècle de notre ère. Ces caractères, qui étaient d'abord d'argile ou de porcelaine, si bien qu'ils éclataient régulièrement sous les presses, ont été améliorés au début du XIIIe siècle par le Coréen Choe Yun-ui, qui eut l'idée d'employer du métal. C'est entre 1452 et 1456 qu'en Europe, dans la ville de Mayence, Johannes Gutenberg a utilisé une mécanique comparable pour imprimer sa célèbre Bible en cent quatre-vingts exemplaires. Ce fut le coup d'envoi de notre modernité.

L'imprimerie rendit les classiques grecs et latins accessibles aux nobles et aux bourgeois, elle permit l'apparition d'un *milieu littéraire* détaché des monastères et des institutions scolastiques ; la circulation des livres imprimés constitua le socle matériel de l'humanisme de la Renaissance. Du point de vue religieux, cette invention a ébranlé l'autorité du Vatican et préparé la crise de la Réforme, qui éclate dans la première moitié du XVIe siècle. Lorsque, durant la Diète de Worms en 1521, Martin Luther soutient que chacun peut se forger son avis sur les Saintes Écritures par la « lumière naturelle » qu'il possède en lui, il engage le croyant à se considérer non plus comme un membre docile d'une Église dont il admettrait les dogmes sans regimber, mais comme un *lecteur*. Ce primat donné à la dynamique de l'interprétation sur l'immobilité de la tradition a déclenché le schisme chrétien. Du point de vue économique, l'imprimerie a encouragé la diffusion de la monnaie papier, facilitant les échanges.

Mais j'en arrive à la troisième de ces révolutions, la *nôtre* : le World Wide Web a été inventé en 1989 par le Britannique Tim Berners-Lee, qui était alors un jeune chercheur en physique rattaché au CERN, à Genève. Berners-Lee est presque inconnu du public, vu qu'il n'a pas cherché à breveter son invention ni à amasser un pactole, pas plus qu'il n'est allé se hausser du col sur les plateaux de télévision. Pourtant, il est sans conteste un innovateur de premier plan.

Difficile de saisir son apport sans maîtriser quelques notions de base : bien qu'on les confonde fréquemment et qu'on manie ces termes comme des synonymes, Internet et le Web ne sont pas la même chose. Dans les années 1980, Internet existait déjà, au sens où il y avait un réseau de télécommunications international, auquel les ordinateurs se connectaient grâce à des modems.

Mais c'était la pagaille. Chaque entreprise, chaque laboratoire de recherche, chaque administration avait son propre intranet, avec ses formats de données et ses protocoles d'accès, si bien qu'Internet ressemblait à une forêt inextricable, ou encore à une bibliothèque dont aucun ouvrage n'aurait été composé dans le même code alphabétique.

Tim Berners-Lee a eu trois coups de génie.

D'abord, il a élaboré avec son équipe un protocole de transfert des données unique, le HTTP (pour *Hypertext Transfert Protocol*), qui a la particularité d'être polyvalent et de permettre de véhiculer des textes, mais aussi des images, du son, de la vidéo.

Ensuite, il a eu l'idée de scinder les adresses des sites Web et celles des ordinateurs reliés au réseau. Formulé ainsi, cela a l'air technique et plutôt barbant, mais il s'agit vraiment d'un saut : c'est un peu comme si, sur la planète entière, tout le monde passait en un clin d'œil de l'adresse physique à la boîte postale. La Toile s'est d'emblée émancipée de tous les territoires. Du coup, un nouvel espace, juridiquement vierge, s'est ouvert.

Enfin, il a conçu un langage de programmation, le HTML (pour *Hypertext Markup Language)*, afin de développer des plateformes, les fameuses «pages Web». Or, ces plateformes sont neutres, on en use comme on le souhaite. N'importe qui est invité à créer un site Web pour y mettre en ligne des poèmes, des photos de son chat ou démarrer une activité commerciale. Il n'y a pas deux poids, deux mesures entre un particulier et une multinationale, et c'est, quand on le remarque, très surprenant. Dès le départ, le World Wide Web a été conçu comme un service public mondial gratuit, décentralisé et non étatique, censé encourager une immense conversation démocratique.

C'est pourquoi l'année 1989 mérite d'être retenue comme une date-clé : si nombre des technologies contemporaines ont trait d'une manière ou d'une autre à la communication, donc au lien, le Web a donné une consistance inédite au projet un peu fou de faire apparaître sur la scène de l'Histoire une humanité interconnectée.

Néanmoins, la perplexité est permise : l'arrivée du Web représente-t-elle vraiment un événement d'une importance comparable à celle de l'écriture ou de l'imprimerie ? Ou serait-ce exagérer l'ampleur des péripéties dont nous sommes les témoins et nous octroyer une place trop flatteuse dans l'Histoire ?

Sans sombrer dans une technophilie béate, je n'hésiterai pas à répondre de façon tranchée : à mon sens, la troisième révolution du signe est moins décisive que la première, certes, mais plus que la seconde, car le réseau a eu un impact plus diversifié et plus rapide sur les vies humaines que le livre imprimé.

D'abord, l'élite n'est pas la seule concernée – le réseau a essaimé sur les cinq continents et on estime qu'il y a, à l'heure où je tape ces mots, trois milliards d'humains disposant d'une connexion, soit presque la moitié de la population mondiale. Ce chiffre augmente beaucoup plus vite que la démographie. Or, si nous n'avons pas de statistiques sur l'alphabétisation au XVIe siècle, il est évident que la frange de la population à profiter des bienfaits de l'imprimerie fut alors minime.

Ensuite, il n'y a pas que la rétention du savoir par les institutions ecclésiastiques et l'autorité des Saintes Écritures qui soient remises en question. Le Web a renouvelé la manière dont on travaille dans presque tous les métiers, redéfini les modes opératoires du commerce, de la finance, du marché immobilier, du journalisme, du tourisme, mais aussi des relations diplomatiques internationales, du prosélytisme religieux, de la recherche scientifique, il a modifié le statut de l'artiste et la notion de copyright, renversé la télévision de son piédestal (la télé représentait la première occupation après le sommeil, elle n'est plus qu'un cas particulier du Web), frappé de caducité les registres et les anciennes bases de données, il est en train de bouleverser les relations affectives et sexuelles, d'abolir la séparation entre les sphères publique et privée… En fait, on ne saurait clore une telle énumération, tant les effets du réseau sont nombreux et touchent à l'ensemble des activités humaines.

Je suis né en 1975. J'appartiens donc – comme une partie d'entre vous, sans doute – à l'une des dernières générations qui auront connu le monde *avant* et *après* l'essor du réseau mondial. Comment se débrouillait-on autrefois, sans les mails, sans les ordinateurs privés et portables, sans les *smartphones*, sans la wi-fi, quand la situation normale de tout être humain était la *déconnexion* ?

Mes enfants ne seront pas en mesure de comparer les deux époques, mais je peux le faire. Et puisque j'ai été le contemporain d'un changement historique de premier plan, et que mon métier est d'observer et d'écrire, je vais essayer de raconter cette histoire.

Comme directeur de la rédaction de *Philosophie Magazine*, mon travail consiste à mobiliser les concepts de la tradition philosophique pour essayer d'interpréter notre actualité. C'est une démarche un peu inhabituelle, qui se situe à mi-chemin entre la lecture des classiques et le reportage ou l'enquête journalistique. Cependant, je ne suis nullement un amateur d'informatique, et certainement pas du genre à courir dans les magasins pour me procurer le dernier gadget technologique à la mode. Aussi aurais-je très bien pu passer à côté de la révolution du Web, et ne pas saisir sa portée politique autant qu'existentielle. En fait, je dois mon intérêt pour les événements récents à trois rencontres, avec trois personnalités hors normes qui ont bousculé mes habitudes de pensée et m'ont aidé à comprendre le monde dans lequel nous vivons.

Ils s'appellent Julian, Philippe, Peter et seront les vrais héros de ce livre.

La différence entre le héros et l'homme ordinaire, c'est que le premier pousse jusqu'au bout une impulsion que le second se contente de ressentir parfois. Tout un chacun a rêvé de claquer la porte de son domicile, de prendre un avion au hasard et de refaire sa vie à l'autre bout de la Terre, sous une identité d'emprunt. Eh bien, le héros est celui qui, un mardi à huit heures moins le quart, au lieu de descendre à la bonne station pour se rendre au bureau, reste assis sur la banquette de son RER jusqu'à l'aéroport et décolle par le premier vol pour l'autre hémisphère, après avoir retiré un maximum d'argent liquide au distributeur automatique. Voilà, le roman va commencer. C'est de cette manière que je vois Julian, Philippe et Peter. Nous avons tous compris que le réseau offrait des possibilités sans précédent. Mais ce sont des portes entrebâillées, devant lesquelles nous passons sans trop y regarder. Eux, non – ils ont poussé ces portes.

2

Qu'est-ce qui t'arrive ? T'es amoureux ou quoi ?

Ma femme m'a lancé cette remarque le troisième soir.

À la maison, quand les enfants sont couchés, il arrive une heure où je me remets au travail. Je m'installe à la table de la cuisine avec mon ordinateur portable. Parfois, j'ai une pile de livres devant moi mais, le plus souvent, il n'y a que l'ordinateur.

Seulement, en ce mois de mai, cela faisait déjà deux soirées que j'avais laissé en plan mon roman en cours et qu'au lieu d'écrire, je passais des heures à naviguer sur le Web à la recherche de documents variés sur Julian Assange, un peu comme le fan qui part à la pêche aux ragots sur son chanteur favori.

Précisons qu'à cette époque, la renommée de Julian n'avait pas encore atteint un niveau stratosphérique, si bien que ma femme se demandait quelle était la nature de mon intérêt pour ce jeune Australien dont les interventions agitaient surtout le Landerneau des *nerds*, les passionnés d'informatique.

Bon, je vois, je te laisse tranquille, puisque c'est ce que tu désires, a ajouté Chiara. Mais laisse-moi te dire que tu es distrait en ce moment.

Je me suis contenté de hausser les épaules et me suis replongé dans ma quête.

À peine étais-je tombé sur un portrait d'Assange dans le journal – il devait s'agir d'un entrefilet –, qu'il m'avait obsédé. Il m'avait donné l'impression de correspondre très exactement à la catégorie du *grand homme*, telle que le philosophe G. W. Hegel la définit dans *La Raison dans l'Histoire*. Ce livre est tiré d'un cours que Hegel a prononcé à Iéna entre 1822 et 1830, alors que l'épopée de Napoléon était encore très présente dans les mémoires, et l'on y trouve cette thèse que les grands hommes sont dépositaires, malgré eux ou même à leur insu, d'une idée universelle de la Raison, qu'ils en sont en quelque sorte les instruments aveugles. L'Histoire, pour Hegel, n'est que le déploiement de la Raison dans des circonstances matérielles et sociales données. En d'autres termes, l'esprit universel est une sorte de force qui s'incarne à travers des événements et des personnages ; les grands hommes sont les jouets du destin de l'humanité, qui est d'accomplir intégralement sa rationalité. « Ce sont les grands hommes historiques qui saisissent cet universel supérieur et font de lui leur but; ce sont eux qui réalisent ce but qui correspond au concept supérieur de l'esprit. C'est pourquoi on doit les appeler des *héros*. Ils n'ont pas puisé leurs fins et leur vocation dans le cours des choses consacré par le système paisible et ordonné du régime. Leur justification n'est pas dans l'ordre existant, mais ils la tirent d'une autre source.» Comme ils ont la capacité de saisir et de mettre en acte, avant leurs semblables, une idée neuve, les grands hommes déclenchent autour d'eux des réactions mêlées, qui ne sont pas d'amour, mais de fascination et d'aimantation. Hegel : «Leur œuvre est donc ce que visait la véritable volonté des autres; c'est pourquoi elle exerce sur eux un pouvoir qu'ils acceptent malgré les réticences de leur volonté consciente : s'ils suivent ces conducteurs d'âmes, c'est parce qu'ils y sentent la puissance irrésistible de leur propre esprit intérieur venant à leur rencontre.» Mais aussi, et simultanément : «Les grands hommes sont suivis par un cortège de jaloux qui dénoncent leurs passions comme des fautes.»

À l'évidence, il y a dans cette théorie du grand homme une dose d'emphase romantique, et la croyance selon laquelle l'Histoire obéirait à un plan universel de la Raison n'est plus tellement de mise – c'est une manière sophistiquée de parler du progrès, une notion qui a tout de même reçu un méchant coup sur les champs d'honneur de la Première Guerre mondiale, avant de succomber dans les camps d'extermination de la Seconde. Mais pour ma part, j'aime qu'un auteur bien plus proche de ma propre manière de sentir, Arthur Rimbaud, s'exprime en termes presque similaires dans sa « Lettre du voyant », en mai 1871 : « L'intelligence universelle a toujours jeté ses idées, naturellement ; les hommes ramassaient une partie de ces fruits du cerveau. » Rimbaud n'avait certes pas lu Hegel – le cours de ce dernier sur l'Histoire, publié à titre posthume, n'était pas encore traduit en français –, mais il était parvenu à peu près aux mêmes conclusions, en digressant librement à partir de sa fameuse affirmation « Je est un autre ». Si « Je » ne contrôle pas tout, si notre conscience ne choisit pas d'avoir telle pensée à tel moment, c'est que les idées nous visitent, qu'elles passent à travers nous, qu'il existe une espèce de circulation flottante de ces « fruits » intellectuels et, pour s'en convaincre, il n'est pas nécessaire d'en appeler au plan divin de la providence ni à son équivalent laïc, le progrès. Il suffit de rappeler de quelle dépossession de soi-même, de quelle ivresse, de quels entrechoquements naissent les inspirations authentiques.

Derrière Julian Assange, donc, je me suis mis d'emblée à rechercher une *idée*. Et là, je dois reconnaître que cela m'a résisté un certain temps, il m'a fallu au moins une semaine avant de saisir quelle était cette idée nouvelle – très simple dans sa formulation, comme toutes les fulgurances promises à changer le monde – qui l'habitait et lui dictait ses actes. Je pense être parvenu à l'identifier. Mais il était indispensable de rassembler d'abord les pièces du dossier.

Je ne me lassais pas de relire la page d'accueil du site de Wikileaks. Le principe général de ce site est connu : quiconque – employé d'une banque d'affaires, militaire, fonctionnaire – ayant eu vent de délits, voire de crimes, commis par son organisation, et détenant des pièces à conviction, est invité à envoyer ces données à Wikileaks anonymement, le site se chargera de les publier. De cette façon, il y a dissociation entre la source de l'information et la publication.

À l'origine, ce site entend combler une faiblesse des médias traditionnels : il est, dans la pratique, très difficile à un journaliste de garantir une protection absolue à ses sources. Les journalistes de profession – et j'en sais quelque chose – n'utilisent pas de téléphones cryptés, leurs réseaux intranet n'ont pas de systèmes de sécurité élaborés, souvent leurs boîtes mail sont hébergées sur des serveurs banals ; il n'est pas difficile de retrouver la liste de leurs contacts. Sans compter que de nombreux médias dépendent de subventions, restent proches des milieux du pouvoir et n'ont pas l'indépendance nécessaire pour s'opposer à une injonction du ministère de l'Intérieur. Je ne dis pas que c'est impossible ; et d'ailleurs, il y eut des cas où la protection par les journalistes de leurs sources contre la pression de l'exécutif fut remarquable, comme lors de l'affaire du Watergate visant le président américain Richard Nixon, où le *Washington Post* a préservé jusqu'au bout l'anonymat de « gorge profonde », alias William Mark Felt, numéro deux du FBI. Sauf que cela résulte d'un heureux concours de circonstances, d'un travail d'investigation soigné, et qu'aujourd'hui, à l'ère des téléphones portables et des mails, il est très dur de ne pas laisser de traces lorsque l'on converse avec quelqu'un. La parade proposée par Wikileaks était ingénieuse : elle consistait à créer un média où ceux qui publient les informations ne connaissent pas ceux qui les ont envoyées, et ne seraient donc pas en mesure d'en révéler l'identité, même sous la torture.

Pour que le lien entre l'informateur et le site ne puisse être établi, la – défunte – page d'accueil donnait des recommandations rocambolesques : les CD à graver portent, précisait-elle, un numéro de fabrication ; ils sont produits par séries de dix mille et le périmètre de diffusion de chaque série est traçable. L'idéal est donc d'acheter un CD avec de l'argent liquide, dans un magasin d'une grande ville non équipé de caméras de vidéosurveillance, à une heure d'affluence. Et puis, il faut prendre garde à coller un timbre ordinaire (sans illustration remarquable) sur l'enveloppe et à la poster en se couvrant le visage d'une capuche, dans une boîte aux lettres d'une rue fréquentée, d'où partent des milliers de missives chaque jour. Je me délectais de ce genre de précisions, car j'ai toujours adoré le niveau de détail auquel vous amène la vision paranoïaque du monde, qui anéantit le réel à force de le scruter.

Cependant, le site ne donnait aucun conseil pour franchir l'étape la plus risquée : comment s'y prendre pour graver des informations confidentielles sur un CD au siège de l'organisation pour laquelle on travaille, sans être repéré ? Je laissais mon imagination divaguer et tentais de me représenter la scène. Supposons que je sois un haut fonctionnaire du ministère des Affaires étrangères et que je tombe sur une note attestant que le président du Gabon a payé des vacances luxueuses, pour un montant de plusieurs dizaines de milliers d'euros, à un ministre français, ou que j'aie une preuve écrite d'un accord de vente d'armes à Bachar el-Assad, accompagné de versements de pots-de-vin à un mystérieux intermédiaire russe – deux événements hautement improbables, il est vrai –, serais-je capable de faire fuiter ces documents sans être pincé ? Ce n'est pas gagné. En premier lieu, je craindrais que ne soient installées, dans mon bureau du Quai d'Orsay, des caméras embusquées. Les systèmes de vidéosurveillance ont leurs subtilités ; il y a les caméras apparentes, qui ont souvent la forme de globes assez faciles à reconnaître, mais parfois, celles-ci ne sont que des postiches qui servent, comme dans les spectacles de prestidigitation, à détourner l'attention d'autres caméras, très discrètes celles-là, dont l'œil n'a que deux ou trois millimètres de diamètre et qui se trouvent incrustées dans les baguettes électriques ou les cadres de porte. Ensuite, je n'ai pas les compétences informatiques requises pour exécuter une sauvegarde sur un disque amovible en étant sûr qu'aucun administrateur système ne détectera une trace quelconque de ce transfert de données. Et puis, comment m'assurer qu'aucun collègue n'entrera dans la pièce au moment où je lancerai la copie ? C'est donc là – assez tôt, je le reconnais – que mon film d'espionnage amateur s'arrête. Avec les meilleures intentions du monde, et bien que cela me plairait assez de révéler des malversations et de punir les méchants, je ne saurais comment m'y prendre.

N'importe, avec ce dispositif – imparfait, mais astucieux –, Wikileaks avait déjà quelques coups d'éclat à son actif. Le 14 janvier 2008, Julian, avec son comparse allemand Daniel Domscheit-Berg, avait mis en ligne des documents dénonçant un vaste système d'évasion fiscale échafaudé par une banque d'affaires suisse, la Julius Bär. Non seulement les sommes en jeu étaient considérables, allant selon les comptes de cinq à plusieurs dizaines de millions d'euros, mais les montages démasqués étaient particulièrement retors. Pour résumer, la Julius Bär créait des sociétés-écrans en cascade, permettant de cacher des fonds aux îles Caïmans. Dans cette affaire, la source a été aussitôt identifiée – il s'agissait d'un certain Rudolf Elmer, un ancien employé de la Julius Bär aux Caïmans, qui, après vingt années de service, avait été licencié brutalement. Il avait emporté avec lui des milliers de pages de documents, que la presse suisse n'avait pas eu le cran de publier, tandis que Wikileaks l'avait fait sans sourciller. Comme il avait quitté la banque dans les plus mauvais termes et qu'il avait eu la faiblesse de poster quelques lettres d'injures à ses ex-directeurs, la piste de Rudolf Elmer a été vite retrouvée. Dans la panique qui a suivi ces révélations, la Julius Bär, ne sachant à qui s'en prendre, a attaqué l'hébergeur de Wikileaks en justice. Ce procès maladroit a été perdu, la banque a retiré sa plainte. Elmer, de son côté, s'est plutôt bien tiré de ce guêpier – reconnu coupable de violation du secret bancaire par un tribunal de Zurich, il fut condamné à verser une amende de cinq mille deux cents euros et à deux années d'emprisonnement avec sursis. Quant à Wikileaks, ces démêlés lui assurèrent une publicité mondiale.

D'une autre envergure est l'opération *Collateral Murder*, « Meurtre collatéral ». Elle fut menée par Julian et une poignée d'hacktivistes, Daniel Domscheit-Berg encore, mais aussi plusieurs Islandais aux noms impossibles à mémoriser comme Kristinn Hrafnsson, Ingi Ragnar Ingason ou encore la députée et poétesse Birgita Jóndósttir. Ces jeunes gens se sont claquemurés dans une maison en bordure de Reykjavik durant quelques semaines, sortant à peine, travaillant nuit et jour à sécuriser leur site et à mettre en forme la vidéo brute qu'ils avaient reçue – il s'agissait d'une séquence filmée par l'armée américaine à Bagdad, à bord d'un hélicoptère Apache, où l'on voyait l'engin ouvrir le feu sur un groupe de civils et abattre au moins dix-huit personnes, dont deux journalistes de l'agence Reuters. L'un de ceux-ci portait une caméra, que les soldats avaient confondue avec un lance-roquettes. Cette vidéo, l'agence Reuters l'avait réclamée inlassablement à l'armée américaine pendant trois ans, multipliant les recours légaux, mais avait toujours été déboutée. Or, la petite équipe de Wikileaks la détenait.

Au passage, ce document dévoile le visage de la guerre dans notre civilisation technologique avancée. À bord de l'hélicoptère en vol stationnaire à bonne distance de sa cible, il ne règne aucune excitation martiale, pas de colère vengeresse non plus. On est à l'opposé de la séquence d'ouverture d'*Apocalypse Now*, où des hélicoptères fondent sur les villages vietcongs et déversent des orages de feu avec, à leur bord, des soldats ivres de sang et, en fond sonore, la *Chevauchée des Walkyries*. Aujourd'hui, les hommes de l'US Air Force échangent des commentaires dépassionnés ; ils sont aussi calmes et circonspects que, disons, des directeurs commerciaux penchés sur une colonne de chiffres. Quand ils parlent, cela donne : « Je vais tirer… Okay… La voie est libre… D'accord. J'ouvre le feu…

Nous venons d'ouvrir le feu sur les huit individus... Il y a un tas de cadavres par terre...» Pendant qu'ils devisent ainsi, ils regardent, dans leurs lunettes à infrarouge ultra-précises, des silhouettes en noir et blanc qui se couchent au sol, et ces images évoquent moins une tragédie que la suppression du contenu d'une cellule dans un tableur.

Par la suite, les compagnons de l'équipée islandaise de Julian ont témoigné de la détermination et de la bizarrerie du personnage. Dans les semaines précédant la mise en ligne de la vidéo, celui-ci bossait près de vingt heures par jour. Il demeurait parfois huit ou dix heures de suite devant son *laptop* sans se lever. Il mangeait aux horaires les plus irréguliers, par pur besoin physiologique, semblait-il, sans se soucier d'avaler un vrai repas. Il conservait le même tee-shirt, ne se lavait guère. Hypnotisé par sa tâche, il manifestait une capacité de concentration hors du commun.

Non seulement la diffusion de cette vidéo a créé un émoi planétaire, mais la source de la fuite a été identifiée, là encore, en moins de deux mois – il s'agissait de Bradley Manning. Pourtant, ce n'est pas à la suite d'une imprudence qu'il aurait commise dans l'opération de copie puis d'envoi des données que celui-ci a été retrouvé, mais parce qu'il n'a pas su rester discret et qu'il a ébruité son secret. Essayant de séduire, sur un chat de drague homosexuel, un certain Adrian Lamo, hacker américain d'une beauté luciférienne, Bradley, qui se cachait derrière le pseudonyme peu flatteur de Bradass87, a raconté qu'il avait diffusé des documents de l'US Army classés « secret défense ». Il cherchait à épater son interlocuteur. Résultat, le très fascinant Adrian... l'a dénoncé aux autorités.

Tout ceci commençait à planter un décor digne d'intérêt ; mais il y eut également, dans cette première phase des activités de Wikileaks, une tentative utopique moins connue qui a retenu mon attention. Au début de l'année 2010, Julian a séjourné avec Daniel au Fosshotel de Reykjavik, un monstrueux bloc de ciment abritant trois cent vingt chambres, un spa et des salles de conférences. L'Islande a certainement une nature merveilleuse, mais sa capitale est plutôt laide – pour avoir une idée de Reykjavik, figurez-vous un bout de Créteil-Préfecture qui aurait été coupé-collé dans une baie grise et glaciale. N'importe, Julian et Daniel n'étaient pas là pour le tourisme, mais pour promouvoir un projet révolutionnaire : ils sont allés présenter au Parlement un texte de loi qu'ils avaient rédigé avec leurs amis islandais, l'Islandic Modern Media Initiative ou IMMI. Précisons qu'il régnait alors en ce pays plongé dans son interminable hiver une effervescence peu ordinaire. L'Islande venait de frôler la faillite, ses citoyens s'étaient aperçus que leurs élites avaient trempé dans de scandaleuses magouilles et les avaient littéralement ruinés, la classe politique était à genoux et le nouveau leader charismatique qui avait émergé de ce marasme était un ancien bassiste d'un groupe punk des années 1980, devenu clown, le très fantasque Jón Gnarr. Ce dernier fut élu maire de Reykjavik au printemps 2010 et fit entrer au conseil municipal ses amis, des ex-punks viscéralement anars. C'est dire si, en ce début d'année, tout semblait possible dans cette île isolée au milieu de l'Atlantique nord.

L'objectif de l'IMMI était de transformer l'Islande en un *paradis de l'information*, conçu sur le modèle des paradis fiscaux, c'est-à-dire en un territoire souverain où tous les éditeurs seraient autorisés à mettre en ligne les documents qu'ils souhaitent, sans s'exposer à la moindre censure *a priori* ni à la moindre poursuite *a posteriori*. L'ironie de la démarche étant, bien entendu, que dans un monde connecté, il suffit qu'un État radicalise l'usage de la liberté d'expression pour que la planète entière se transforme à son tour, comme par magie, en paradis de l'information. Julian et sa bande prévoyaient également de créer en Islande un statut de *réfugié de l'information*, calqué sur celui du réfugié politique, afin de mettre à l'abri les lanceurs d'alerte et d'accorder une protection crédible à tous les Rudolf Elmer ou Bradley Manning en puissance – aux militaires, espions, banquiers, industriels ou politiciens repentis qui souhaiteraient faire des révélations fracassantes sur leur univers professionnel. Ils pensaient même que l'IMMI attirerait en Islande une immigration de haut vol, un peu comme les Pays-Bas de l'âge classique qui, parce qu'ils avaient opté pour la tolérance religieuse, ont accueilli nombre de protestants aisés et de penseurs de première importance, parmi lesquels René Descartes. En fait, ils étaient convaincus d'avoir trouvé le moyen d'assurer à l'Islande rayonnement et prospérité.

Du point de vue philosophique, le projet de créer un paradis de l'information ne sort pas de nulle part : il s'agit d'un passage à la limite du concept d'*espace public*, qui a émergé au siècle des Lumières et fut présenté, avec beaucoup de clarté, par Emmanuel Kant. À la fin de son petit traité *Vers la paix perpétuelle* de 1795, Kant énonce ce qu'il appelle la « formule transcendantale du droit public » :

« Toutes les actions relatives au droit d'autrui dont la maxime n'est pas susceptible de publicité sont injustes. »

C'est du Kant, donc il convient de décoder. Cette formule est dite par le philosophe « transcendantale », en cela qu'elle ne donne aucun contenu empirique au droit – elle ne dit pas, concrètement, quelles actions sont justes ou injustes.

Mais elle pose un critère qui se situe en amont de la pratique politique : si un souverain ou un législateur prend une décision qu'il est dans l'impossibilité d'annoncer publiquement, de crainte de provoquer un tollé, c'est que cette décision est injuste.

L'idéal de publicité (attention, levons un malentendu possible : chez Kant, le mot ne signifie pas « réclame » mais « possibilité de rendre public, de publier ») sert donc ici de garde-fou : un gouvernant se sachant tenu d'exposer et de justifier au vu et au su de tous les démarches qu'il entreprend devra renoncer à faire carrière comme menteur, spoliateur ou assassin.

Or, ce ne sont pas seulement des mots : l'émergence d'un espace public où la parole et la critique sont devenues relativement libres, au XVIIIe siècle, c'est-à-dire la naissance d'une presse indépendante, de maisons d'édition diffusant des pamphlets critiques, de salons littéraires et de clubs dans lesquels les agissements du roi étaient débattus, a pleinement contribué à l'affaiblissement des monarchies absolues de droit divin en Europe. Les caprices irrationnels des monarques, les prérogatives de l'aristocratie ou les violations de l'*habeas corpus* ont commencé à être dénoncés comme insupportables.

Kant va très loin, puisque dans un autre opuscule, *Qu'est-ce que les Lumières ?* publié en 1784, il pose la question qui fâche : un militaire de carrière peut-il prendre la parole pour contester la manière dont est menée la guerre ? La réponse du penseur de Königsberg, pourtant réputé pour son austérité et son allergie au désordre, mériterait d'être versée directement dans une plaidoirie en défense de Bradley Manning : « Il serait très pernicieux qu'un officier qui reçoit un ordre de ses supérieurs veuille, lorsqu'il est en exercice, ratiociner à haute voix sur le bien-fondé ou l'utilité de cet ordre. Mais on ne peut rationnellement lui défendre de faire, en tant que savant [nous dirions aujourd'hui : qu'*expert*], des remarques sur les fautes commises dans l'exercice de la guerre et de les soumettre au jugement public.»

Si tout le monde accordera assez vite que l'existence d'un espace public où le débat est autorisé représente un acquis démocratique fondamental, est-il pour autant souhaitable de créer des paradis de l'information ? Je n'en suis pas convaincu. De nombreux problèmes ne tarderaient pas à surgir : je ne pense pas que ce serait une bonne chose de voir publier des vidéos pornographiques pédophiles, des *snuff movies* (montrant des tortures ou des sévices sexuels suivis de mises à mort réelles), des pamphlets racistes et antisémites ou des informations sensibles, comme, par exemple, des rapports précisant les failles de sécurité des principales centrales nucléaires ou encore des recettes permettant de fabriquer dans des laboratoires artisanaux des armes biologiques dévastatrices. Dans un autre ordre de considération, l'abolition du droit d'auteur, qui suivrait logiquement la création du paradis de l'information, plomberait les artistes – réalisateurs, musiciens, écrivains. Avec ces quelques exemples, on saisit qu'il faudrait bon gré mal gré s'entendre sur certaines règles et ne pas diffuser n'importe quoi, que l'espace public ne saurait être entièrement dérégulé sans entraîner des résultats calamiteux. Mais un espace public encadré par la loi, qu'est-ce, sinon ce que nous connaissons déjà ?

Personne ne fut dupe : le jour où Julian Assange et ses amis présentèrent leur projet au Parlement islandais, seuls deux députés étaient présents, et l'IMMI fit un bide. C'est que toute utopie est talonnée de près par sa caricature et menace de nous mener à son envers infernal, sa dystopie.

Durant ces premières nuits où je me documentais sur Julian, je tournais autour du pot. Je me resservais régulièrement des verres de vin blanc – l'air était chaud, les fenêtres de mon appartement restaient ouvertes – et me relevais de temps à autre pour aider l'un de mes enfants à faire pipi ou à se rendormir parce qu'il avait cauchemardé, et puis je revenais, aiguillonné par mon sujet, à mon écran. Plus je visionnais des interviews de Julian et plus j'admirais sa décontraction.

J'aimerais dire quelques mots sur son sourire : même soumis à la pression, interrogé par des journalistes agressifs, Julian ne se départit jamais d'une certaine nonchalance, il n'élève pas la voix, réfléchit avant de parler et case entre ses phrases ce sourire incroyablement enfantin. Les hommes politiques auront beau s'entraîner avec leurs coaches tout leur saoul, ils n'arriveront pas à imiter un tel sourire, ils n'auront jamais, sur le visage, une expression aussi désarmante. Ce registrelà est foncièrement hors de leur portée. Car il ne s'agit pas d'un truc de bonimenteur ni même de *self-control* – pour afficher cette tranquillité-là, cette décrispation des traits, il faut avoir entrevu une source de joie ignorée des autres, avoir une raison de se féliciter inaccessible au commun des mortels.

Et c'est à force de fouiller que j'ai trouvé la *clé*. J'ai compris que ni Wikileaks ni l'IMMI n'étaient l'essentiel, car ces tentatives étaient contestables et fragiles, mais qu'elles recouvraient une idée qui, une fois jetée sur la scène de l'Histoire, ne serait plus jamais refoulée vers les coulisses. Ce déclic, je l'ai eu en lisant un passage d'un court texte théorique, à vrai dire hermétique et un peu étrange, mis en ligne par Julian le 3 décembre 2006, *Conspiracy as Governance*, «La Conspiration comme gouvernance». Ce texte n'est pas rédigé selon les canons académiques, il est décousu et son style, cryptique, rappelle davantage le roman d'anticipation que le manuel de sciences politiques. Pourtant, il opère une percée philosophique capitale :

«Plus une organisation est secrète et injuste, plus la crainte des fuites se répand dans ses instances dirigeantes, jusqu'à la paranoïa. Ceci entraîne la réduction au minimum des mécanismes effectifs de communication interne (du point de vue cognitif, tout se passe comme si on augmentait la "taxe sur le secret"), et, par voie de conséquence, un déclin cognitif ne tarde pas à gagner l'ensemble du système, lequel n'est plus capable de se réformer à mesure que l'environnement extérieur se modifie et exige des adaptations.

C'est pourquoi, dans un monde où il est facile de faire fuiter des informations et de les publier, les systèmes secrets ou injustes sont plus vulnérables que les systèmes ouverts et justes, bien qu'ils ne puissent être atteints que de façon non-linéaire. Dans la mesure où les systèmes injustes, par leur nature même, génèrent des opposants, et en beaucoup d'endroits n'ont pas la main sur la circulation de leurs propres données, des fuites massives peuvent les rendre exquisément vulnérables pour ceux qui veulent les remplacer par des formes plus ouvertes de gouvernance.

Seules les injustices qui ont été révélées peuvent être réparées; car l'être humain, pour faire quoi que ce soit d'intelligent, doit d'abord avoir connaissance de ce qui est réellement en train de se passer. »

Ces quelques lignes importent pour la compréhension contemporaine du pouvoir – les visions classiques de l'État ayant besoin d'un sérieux *aggiornamento* –, mais un éclaircissement est nécessaire.

Selon la tradition dominante en philosophie politique, telle qu'elle court de Thomas Hobbes à Max Weber, l'État possède le « monopole de la violence physique légitime » : il doit essentiellement assumer des fonctions régaliennes, entretenir la police et l'armée, défendre les individus contre les attaques extérieures, les menaces physiques et le vol. Avec Karl Marx, une version alternative et contestataire a vu le jour, qui dénonce l'État comme un outil d'oppression ou encore un « organisme de domination de classe » : selon cette perspective, les démocraties parlementaires qui sont apparues sur les décombres de l'Ancien Régime ont pour fonction principale de permettre à la bourgeoisie d'asseoir son emprise sur le prolétariat, en se réclamant d'idéaux de justice et d'universalité qui confèrent une apparence de légitimité à cette situation déséquilibrée. En somme, l'État moderne est vu tantôt comme un Léviathan, tantôt comme un paravent dissimulant les intérêts du grand capital. Au XXe siècle, est apparue avec John Maynard Keynes une troisième théorie de l'État, qui attribue à celui-ci une fonction principalement redistributive : son rôle serait d'assurer la paix et la cohésion sociale en aidant les plus démunis, mais aussi de soutenir un système d'éducation et de soins qui rende la vie plus agréable pour tous.

Quoi qu'il en soit, par sa formation intellectuelle autodidacte et son parcours en zigzag, Julian a déplacé les termes du problème. Il nous invite en effet à considérer l'État comme une boîte dans laquelle entrent et sortent des informations, autrement dit comme un *dispositif cognitif* – un computer, ni plus ni moins. Ceci n'est pas une métaphore : concrètement, les administrations publiques collectent d'énormes quantités de données concernant les naissances et les morts, la santé et les comportements des citoyens, les revenus des entreprises, les flux d'argent, les nations étrangères, etc., de manière officielle mais aussi par des moyens détournés. Ces informations font l'objet d'un traitement à l'intérieur de la boîte. En bout de chaîne, l'État émet un certain nombre de messages en direction de la population.

Si l'on souscrit à cette description d'un État-computer, une constatation s'impose : toutes les informations que contient l'État ne sont pas publiques. Nous voici ramenés à l'idéal de publicité kantien : lorsqu'un État cherche à cacher certaines informations en son sein, qu'il n'en laisse pas la consultation libre à ses citoyens, c'est parfois pour des raisons de sécurité nationale, mais il y a fort à parier que, dans la plupart des cas, il s'agit de données sensibles, escamotées parce qu'elles concernent des crimes de guerre, des affaires de corruption ou encore des scandales sanitaires (comme l'affaire du sang contaminé en France ou le véritable bilan de la catastrophe de Fukushima au Japon). C'est pourquoi il est possible d'envisager un nouveau genre de lutte pour la démocratie : dorénavant, l'enjeu est d'aller récupérer à l'intérieur des États eux-mêmes certaines informations occultées, afin de les divulguer et de permettre aux citoyens d'exercer pleinement leur droit de regard sur ce que leurs gouvernements et les administrations qui les surplombent commettent en leur nom.

Ici, intervient ce que Julian Assange appelle la « conspiration » (bien que le terme soit mal choisi, car il a une connotation péjorative) : les administrations même les mieux gardées – le ministère de la Défense, par exemple – ont besoin, pour fonctionner, d'employer des milliers, quand ce n'est pas des dizaines de milliers de collaborateurs. De plus, elles conservent des traces de leurs actions passées dans leurs mémoires numérisées. C'est là une vulnérabilité patente. À tout moment, un fonctionnaire, un prestataire de services risque d'avoir un sursaut de conscience morale, et il en suffit d'un seul ; s'il a connaissance de malversations insupportables, il n'est pas exclu qu'il prenne sur lui et décide de les diffuser. Internet facilite une telle publication, l'aval d'un média officiel n'étant plus indispensable. Donc, les États sont désormais voués à être la cible des *whistle-blowers*, les lanceurs d'alerte. Pour les administrations, la parade spontanée serait de chercher à contrôler les agissements de tous leurs employés, mais c'est difficile, à moins de faire régner un climat de terreur (mais alors, on n'est plus en démocratie) ou d'instaurer des procédures de protection qui rendent les structures inefficaces.

On voit qu'une idée très simple – considérons l'État comme un centre de traitement des données – entraîne une reconfiguration des luttes politiques. Traditionnellement, on s'opposait au gouvernement en descendant dans la rue, en manifestant sur les places des grandes villes, voire en prenant d'assaut le Parlement ou la demeure présidentielle. Mais la rue, la foule ne sont plus les uniques acteurs possibles de la protestation. Il existe un nouveau moyen de mener le combat pour la démocratie, qui consiste justement à devenir un lanceur d'alerte ou à faciliter la publication de ces informations cachées auxquelles tous les citoyens devraient avoir accès.

C'était ça, le point archimédien de Julian, son truc pour changer le monde.

Remarquons que, par extension, ce qui vaut pour les États s'applique aux autres types d'organisation. À cet égard, je ne résiste pas au plaisir de citer un passage savoureux d'*Interesting Questions*, un blog que Julian a tenu juste avant de fonder Wikileaks, alors qu'il voyageait comme *backpacker* en Asie du Sud-Est et en Afrique.

Représentez-vous, nous dit-il, un pays qui aurait adopté le système politique suivant :

« – Le suffrage (le droit de vote) n'est accordé qu'aux propriétaires terriens et, de plus, la valeur de leur voix est proportionnelle à la valeur de leur propriété.

– Le pouvoir exécutif est aux mains d'un comité central. Dans lequel la représentation des femmes est quasiment réduite à néant.

– Il n'y a pas de séparation des pouvoirs. Il n'y a pas de contre-pouvoirs. Il n'y a pas de jurys et pas de présomption d'innocence.

– La désobéissance à n'importe quel ordre peut être instantanément sanctionnée par une condamnation à l'exil.

– Il n'y a pas de liberté d'expression. Il n'y a pas de droit d'association. L'amour est interdit sans approbation de l'État.

– L'économie est centralisée et planifiée.

– La circulation des personnes et les communications sont surveillées.

– La société est lourdement réglementée et cette réglementation est si coercitive qu'on explique à beaucoup d'individus quand, où et combien de fois par jour ils sont autorisés à se rendre aux toilettes.

– La transparence est presque inconnue et l'existence d'un droit des citoyens à l'information est inimaginable.

– L'État n'a qu'un seul parti. Les groupes d'opposition sont interdits, surveillés ou marginalisés quand et sitôt que c'est possible.»

Eh bien, cette contrée n'est pas chimérique, elle existe et vous la connaissez, ajoute malicieusement Assange : c'est l'Entreprise.

Certes, cette dénonciation est facile, un brin potache, néanmoins il est clair que la logique de la *conspiration*, soit de la fragilisation des grandes organisations par la publication de leurs secrets crapoteux, s'applique également aux multinationales. Ainsi, c'est en révélant que certaines entreprises ont recours au travail des enfants ou qu'elles polluent massivement qu'on les contraindra à se réformer, non parce qu'on engagerait contre elles des procédures juridiques, mais parce qu'il est dans leur intérêt de conserver une bonne image auprès de la clientèle.

J'avais désormais un objectif, je voulais rencontrer Julian. Mais la chose n'était pas aisée. Plus sa notoriété croissait, plus il paraissait hors d'atteinte. *Philosophie Magazine*, avec ses cinquante-cinq mille exemplaires écoulés chaque mois, est considéré comme une réussite en son genre dans le microcosme de la presse française ; néanmoins, il y a des centaines de journaux à travers le monde, parmi lesquels des quotidiens anglophones ou asiatiques tirant à plusieurs millions d'exemplaires, et tous commençaient, en ce milieu d'année 2010, à courtiser le porte-parole de Wikileaks et à lui demander des interviews. À sa place, au milieu de ces sollicitations innombrables, me serais-je vraiment donné la peine de répondre à un média somme toute confidentiel, ne s'adressant qu'au public d'une nation qui, malgré la haute opinion qu'elle a d'elle-même, ne représente plus grand-chose à l'échelle globale ? Probablement pas.

Il fallait donc, pour susciter l'intérêt de Julian, lui envoyer une proposition qui lui plairait et que nul n'avait songé à formuler. C'est alors que j'ai pensé à un autre héros de ma génération – car c'est bien en termes d'héroïsme que je réfléchissais –, l'Italien Roberto Saviano, l'auteur de *Gomorra*, dont la vie est menacée depuis qu'il a dénoncé les méfaits de la mafia napolitaine et ses collusions commerciales spectaculaires avec la Chine. Dans son roman-reportage, Saviano explique qu'un million et demi de tonnes de marchandises chinoises sont déchargées chaque année dans le port de Naples, mais qu'un autre million de tonnes de denrées transitent par ces débarcadères, grâce à la complaisance des autorités portuaires liées à la Camorra, sans être enregistrées, échappant ainsi aux taxes d'importation – ce qui représenterait, d'après ses estimations, deux cents millions d'euros d'évasion fiscale mensuels. Au nez et à la barbe de Bruxelles... Or, Saviano, qui vit sous protection policière, n'était pas hors de portée pour moi. Je me suis souvenu qu'il y avait, dans le cercle des amis de Chiara, un journaliste de feu *Il Manifesto* – un quotidien de gauche italien ressemblant à notre *Libération* –, qui avait côtoyé Saviano lorsque ce dernier débutait dans l'investigation. Par cet ami, j'ai obtenu le mail de Roberto et celui-ci, quand je l'ai contacté et lui ai demandé s'il serait partant pour rendre visite à Julian, s'est montré enthousiaste. J'ai ensuite contacté Julian, *via* le site Wikileaks, qui a trouvé l'idée intéressante. Les deux hommes se connaissaient de réputation et avaient envie de se parler. Les justiciers de moins de trente-cinq ans ayant réussi à faire passer quelques nuits blanches aux gros bonnets du capitalisme mondial sont assez rares par les temps qui courent, et Julian et Roberto étaient de cette étoffe-là; qu'ils aient envie de se rencontrer me paraissait plutôt réconfortant. Il ne restait plus qu'à trouver une date. L'opération était donc en bonne voie, et mon petit mensuel indépendant toisait le scoop.

Et puis... il s'est produit, dans l'espace public globalisé, l'équivalent médiatique de l'explosion d'une bombe thermonucléaire. Quand je suis arrivé au bureau le lundi 28 novembre, vers dix heures, le Web, les télévisions, les radios et mes collègues ne parlaient plus que de cela, et c'est seulement parce que je venais de passer une demi-heure sur mon vélo que je n'étais pas encore au parfum : Wikileaks avait entamé la publication de deux cent cinquante mille câbles diplomatiques américains. Ces câbles déshabillaient les puissants : on y lisait, noir sur blanc, que Silvio Berlusconi s'adonnait à des parties fines qui lui esquintaient la santé, qu'Hosni Moubarak avait commandité des tortures, qu'Omar Bongo, ex-président gabonais, avait détourné vingt-huit millions d'euros de la Banque des États de l'Afrique centrale, que Ben Ali était un dictateur si corrompu que cela ne valait plus la peine d'investir en Tunisie, que le roi d'Arabie Saoudite avait demandé à plusieurs reprises aux États-Unis d'attaquer les installations nucléaires iraniennes, et bien d'autres choses encore. Si certaines de ces révélations ne surprenaient guère, car l'on subodorait déjà leur contenu, elles représentaient, selon le mot judicieux de Timothy Garton Ash, « le rêve de tout historien », car elles attestaient ce qui n'était jusqu'alors que conjectures. Cependant, j'ai compris que Julian venait d'engager un bras de fer musclé avec les États-Unis et que notre petite discussion philosophique avec Roberto sur le bien, le mal et les fins dernières serait ajournée.

Les ennuis ont commencé quarante-huit heures plus tard, le 30 novembre, quand un mandat d'arrestation international émis par la Suède et relayé par Interpol a été lancé à l'encontre de Julian Assange. Du point de vue américain, il était difficile d'engager une procédure directe contre Wikileaks, ses publications étant en principe couvertes par le premier amendement de la Constitution américaine, qui protège la liberté d'expression. Il existe bien une loi d'exception, l'Espionnage Act de 1929, qui permet dans certains cas de contourner le premier amendement, mais la bataille juridique, de ce côté-là, s'annonçait acharnée. Lors d'un procès avec des audiences publiques, le contenu des câbles diplomatiques et des publications de Wikileaks sur les crimes de guerre américains en Irak et en Afghanistan aurait, de surcroît, été inlassablement décortiqué et analysé par les avocats des deux parties : dans l'optique de Washington, était-il vraiment opportun d'offrir une telle affiche à ces informations confidentielles ? Restait la possibilité de poursuivre Assange pour espionnage en organisant un procès à huis clos – mais cela signifiait recourir à une justice d'exception et risquait de mécontenter l'opinion.

Heureusement, Julian avait un point faible – il avait été vaguement inquiété dans une affaire de mœurs en Suède. Le 20 août précédent, la justice suédoise avait lancé un avis de recherche à l'encontre du fondateur de Wikileaks, avant de l'annuler vingt-quatre heures plus tard. Au milieu de la confusion, le parquet suédois avait déclaré dans un communiqué que « le procureur en chef Eva Finné avait décidé que Julian Assange n'était plus suspect de viol » et que « les informations dont disposait Eva Finné pour se décider samedi étaient plus nombreuses que celles auxquelles avait accès le procureur de permanence vendredi soir ». Or, c'est cette même procédure qui avait été relancée et venait d'être carrément transformée en mandat d'arrêt international à l'initiative d'une nouvelle procureure, Marianne Ny. Notez bien que Julian n'était pas formellement accusé de viol – il ne l'est toujours pas, d'ailleurs – ; Marianne Ny demandait simplement à l'entendre dans le cadre de son enquête. Bien sûr, un mandat d'arrêt relayé par Interpol et une procédure d'extradition pour réaliser une simple audition de témoin, c'est inhabituel et disproportionné – un peu comme si vous utilisiez un revolver pour descendre un moustique. Malgré tout,

Julian se trouvait pris dans un imbroglio digne d'un roman de gare.

Sur le plan de la vie privée, les grands hommes ne se sont pas toujours montrés estimables ; ils ont parfois été de mauvais maris, de piètres pères ; il leur est arrivé d'avoir des maîtresses et de fréquenter les bordels. Le génie et la modération ne font pas forcément bon ménage. Aussi, le lecteur est-il en droit de s'interroger : Julian Assange est-il, oui ou non, un violeur ? Et que s'est-il passé en août 2010 en Suède, pour qu'il se retrouve rattrapé par un tel micmac ?

Des enquêteurs du *Guardian*, le célèbre quotidien britannique, se sont rendus à Stockholm et se sont livrés à une investigation fouillée afin de reconstituer cet épisode. Ces journalistes sont peu suspects d'indulgence envers Julian. Si le *Guardian* est favorable à la démarche des *whistleblowers* en général, et répercute régulièrement leurs révélations, la rédaction avait des rapports tendus avec le porte-parole de Wikileaks lorsque cette enquête a été lancée. De plus, les journalistes du *Guardian* sont très à cheval sur la déontologie du métier ; je ne pense pas qu'ils auraient dissimulé des éléments peu reluisants dont ils auraient eu connaissance – la lecture de leurs articles suffit à convaincre qu'ils sont obsédés par le *fact-checking*, la vérification factuelle.

Voici la séquence qu'ils sont parvenus à établir : de passage en Suède le 13 août 2010, Julian a été hébergé par une jeune femme, appelons-la Sonja Braun (les journalistes du *Guardian* ont changé les noms des femmes concernées ; je les imite, bien que cela soit un peu vain, car l'identité des plaignantes circule sur le Web). Sonja était engagée politiquement et appartenait à Brotherhood, un groupe chrétien affilié au grand parti social-démocrate suédois ; elle habitait un studio de Södermalm, en banlieue de Stockholm. S'étant offerte de loger Julian quelque temps, elle n'avait néanmoins prévu aucune couchette pour lui et ne possédait qu'un lit deux places. Dès la première nuit, ils ont fait l'amour et, dans sa déposition, Sonja affirme que Julian a protesté au moment d'enfiler un préservatif. Elle l'accuse d'en avoir mis un, mais de l'avoir déchiré exprès au cours du rapport – ce que Julian nie catégoriquement. Après cette nuit mouvementée, Sonja a pris une photo de Julian dormant dans son lit et l'a mise en ligne. Quelques jours plus tard, l'Australien a séduit une employée d'un musée local, rebaptisons-la Katrin Weiss, grande blonde élancée de vingt-cinq ans. Le chassé-croisé entre les deux femmes s'est précisé lors d'une Fête des écrevisses, à laquelle tous participaient. Alors que la soirée battait son plein, Sonja a tweeté : « Assis dehors à 2 h du mat, presque froid, avec les gens les + cool et les + intelligents du monde. » Elle ne se doutait pas qu'au même moment, Julian échangeait discrètement des SMS avec Katrin, qu'il a retrouvée le 17 août. Ce jour-là, contre toute attente, Julian se serait endormi comme un mufle devant la belle Scandinave médusée et ne lui aurait fait l'amour que le lendemain à l'aube. C'est alors qu'ils auraient eu cette conversation d'anthologie, dans un demi-sommeil :

Elle : «Tu as enfilé quelque chose ?»

Lui : «Toi.»

Elle : «J'espère que tu n'as pas le sida.»

Lui : «Bien sûr que non.»

Elle lui aurait encore demandé : «Et si je tombais enceinte ?» Il aurait grommelé que la Suède était un bon endroit pour élever un enfant.

Un peu plus tard, alors que Julian continuait à batifoler de-ci de-là et les avait délaissées, Sonja et Katrin se sont rencontrées et, pleines d'amertume et de rancœur, ont comparé leurs flirts. C'est à l'issue de cet échange qu'elles ont décidé de porter plainte conjointement.

En Suède, le rapport sexuel sans préservatif, s'il n'a pas été explicitement consenti, est considéré comme un viol ; de même que faire l'amour à une femme inconsciente ou endormie. Si, dans le cas de Sonja, les circonstances sont troubles, car il est impossible d'établir si Julian a déchiré intentionnellement son préservatif ou non, le rapport sexuel avec Katrin, bien qu'il ne fût pas accompagné de violence physique ni de coercition, peut d'après la législation suédoise être qualifié de viol mineur, passible d'une peine de prison ferme allant jusqu'à deux ans.

Je suis conscient que nous avançons, avec l'exposé de ces scènes de drague et de marivaudage, sur un terrain glissant, et pourtant, cette affaire touche à une difficulté essentielle de nos sociétés. En effet, nous avons un gros problème en matière d'éthique sexuelle, et les bases que nous essayons de donner à notre législation dans ce domaine sont mal assurées. Comme nous ne pensons plus que certains actes représentent en eux-mêmes des péchés ni qu'ils sont contre-nature, notre ligne générale est de considérer que « tout est permis entre adultes consentants ». Et c'est un bon principe, à n'en pas douter. Il n'y a apparemment rien de moralisateur ni de prude là-dedans. Les pratiques autrefois réprouvées – comme la fellation et la sodomie, sans parler de l'homosexualité, de l'échangisme ou du sadomasochisme – s'en trouvent libérées (les deux premières de la liste étaient officiellement interdites dans une demi-douzaine d'États américains jusqu'en 2003, même au sein des couples mariés). *A priori*, le critère du consentement laisse toute latitude aux individus de vivre leur sexualité comme ils l'entendent. Au niveau collectif, il n'est pas absurde non plus de supposer que, dans une société qui accorde un champ d'expression assez large au désir, la frustration sera moindre et les violences moins nombreuses. Pourquoi userait-on de brutalité pour obtenir ce qui s'offre partout de libre gré ?

La seule ombre au tableau, c'est que le consentement n'est pas une chose claire et que, à moins qu'un accord écrit ait été signé par les parties, il est très difficile à établir *a posteriori*. Supposez qu'un homme invite une femme au restaurant, qu'ils partagent un apéritif et une bouteille de vin, qu'il se montre prévenant et plein d'humour, qu'il formule aussi quelques fausses promesses – qu'il lui fasse miroiter une semaine à Venise ou des fiançailles – et que, un peu pompette, grisée par ces belles paroles, elle s'offre à lui. Le lendemain, le séducteur la bat froid dès le petit-déjeuner et lui signifie qu'il ne veut plus la revoir... D'ailleurs, il a quelqu'un d'autre dans sa vie. Ce rapport sexuel a-t-il vraiment fait l'objet d'un consentement éclairé ou a-t-il été extorqué par des moyens malhonnêtes ? D'autre part, à quoi donne-t-on précisément son accord, lorsque l'on consent ? Est-ce qu'accepter un coït, c'est être partant pour que l'action se répète au milieu de la nuit, lorsqu'on est à moitié assoupi ? Est-ce que se donner dans la position du missionnaire, c'est accepter d'être pris par-derrière ? Est-ce qu'accorder un rapport génital nous engage moralement à des préliminaires oraux ? Ces questions, nous ne nous les posons guère dans le feu de l'action, mais comme notre évaluation du bien et du mal en matière de sexualité est désormais fondée sur le consentement et que c'est ce satané critère qui sera débattu devant un tribunal, nous allons au-devant de contentieux insolubles – car la notion est plus psychologique que juridique, plus fluctuante et insaisissable qu'il n'y paraît. En outre, la psyché humaine n'est pas d'une pièce. La plupart du temps, même lorsque nous consentons, une partie de nous proteste et se dérobe. Le conflit de volontés n'est-il pas l'état normal de toute conscience ?

Si je m'en réfère à ma propre expérience, ces questions conduisent droit au vertige. Quand nous nous sommes rencontrés avec Chiara et que nous avons passé notre première nuit ensemble dans son studio d'étudiante, nous nous sommes retrouvés nus l'un contre l'autre moins de deux minutes après avoir franchi le seuil de la porte – nous n'avons même pas évoqué la question du préservatif. Nous n'en avions pas et nous nous en foutions éperdument. Je crois que nous avons cessé de faire l'amour quarante-huit heures plus tard... Rien de ce qui s'est passé entre nous n'avait fait l'objet d'un accord préalable. Ce n'était pas planifié. Aujourd'hui, huit ans après, nous sommes mariés, nous avons trois enfants et nous sommes heureux. Mais si Chiara avait été un peu influençable et qu'elle avait raconté, le lundi matin, la scène à l'une de ses amies, que cette dernière avait été horrifiée et l'avait convaincue que je m'étais mal comporté, si je l'avais de surcroît laissée en plan ce jour-là pour une autre, et qu'elle avait décidé de porter plainte, comment aurais-je pu me défendre ? Je serais passé pour un prédateur sexuel. Je suis sûr qu'un rapport médical aurait plaidé contre moi. Ainsi, les mêmes faits peuvent être interprétés comme une idylle édénique ou un crime.

Ni l'éthique ni le droit ne parviennent à prendre fermement pied sur le terrain de la sexualité : il est une âpreté et une puissance du désir qui ne se laissent pas aisément enfermer dans un cadre rationnel ; il y a là comme une zone d'égarement irréductible.

Cependant, il n'est pas exclu que la technologie vienne apporter une solution inattendue à ce problème éthique et juridique – même s'il en coûtera un certain désenchantement.

Lors du dernier Mondial de football, je me trouvais seul à Paris – ma petite famille était partie en vacances, tandis que j'étais retenu par mon travail dans la capitale. Pour voir le match France-Allemagne, je me suis rendu dans un pub, où j'avais repéré d'immenses écrans plasma. À la fin de la première mi-temps, un type d'une trentaine d'années avec un bouc noir et des yeux malins est venu engager la conversation avec moi ; il frottait son bras contre le mien avec une insistance louche. Certes, il y avait du monde dans ce bar rempli de supporters, mais il en rajoutait un peu, à la manière de ces dragueurs obliques qui profitent de l'heure de pointe du métro pour se retrouver inopinément plaqués contre une jeune femme. Au bout d'un moment, j'ai dû mettre les choses au clair :

Écoute, écarte-toi un peu, les mecs, c'est pas mon truc.

Il a rigolé gauchement, un peu gêné mais pas trop, puis il a sorti son *smartphone* et s'est mis à pianoter frénétiquement. Au bout d'un moment, comme nous continuions à échanger des commentaires sur le match, dont le rythme était assez mou, je l'interrogeais : Dis donc, qu'est-ce que tu tapotes comme ça ? T'es sur Facebook ?

Facebook, tu rigoles ou quoi ? Non, je suis sur Grindr et Tinder.

Il m'a montré à quoi ressemblaient ces deux applications : elles vous localisent sur une carte ; elles affichent également les autres utilisateurs qui se trouvent à proximité de vous, offrant de consulter leurs profils et de leur envoyer des messages. Le simple fait de se connecter à ces applis, donc d'apparaître sur la carte, signifie qu'on est à la recherche d'un *plan cul*. Cela fonctionne *grosso modo* comme les sites de rencontres classiques, à ceci près que ces services résolvent le problème de l'éloignement dans l'espace et dans le temps. *Hic et nunc* : avec ces sites, tout se passe ici et maintenant.

Mon voisin de comptoir était occupé à chatter simultanément avec un homme et une femme qui se trouvaient dans deux autres bars des environs.

Tu vois, c'est très différent, le genre d'approches qu'on peut avoir sur Tinder et Grindr. Avec les filles, on fait la causette, celle-là me demande quelle musique j'écoute… Mais mon contact sur Grindr vient de réclamer une photo de ma bite en érection.

Et tu vas lui envoyer ?

Bien sûr, c'est déjà fait. Avec mes mensurations. Comme ça, y a pas de tromperie sur la marchandise, c'est franco de port.

Tout de même, la flexibilité de ce Don Juan digital m'épatait : était-il vraiment indifférent à l'idée de coucher avec une fille ou un garçon ? Il n'avait donc pas de préférence, ne se sentait pas un peu plus homo qu'hétéro, ou vice versa ?

Il m'a regardé comme si je débarquais de la planète Mars : Bah non, je suis *open*, moi, il faut être de son temps. D'où tu sors, ma parole ?

Personnellement, je suis assez réticent à l'idée de passer par une application pour faire des rencontres. Je préfère l'abordage classique, le saut dans le vide. Pourtant, cette nouvelle technique a un immense avantage : les messages circulant sur ces sites restent stockés en mémoire, et par là permettent de prouver, si besoin est, qu'un consentement a été explicitement accordé.

Viendra-t-il un jour où, par crainte d'être exposé à des procès, les vieilles méthodes de séduction en *live* seront abandonnées, au profit de ces échanges de messages qui manquent, certes, de poésie, mais valent contrat ?

Dans le cas de Julian, tout s'est passé dans le monde réel et la teneur de ses flirts continue à faire débat. A-t-il eu des relations sexuelles avec ces deux jeunes Suédoises contre leur volonté ? Ou l'ambivalence du critère du consentement a-t-elle été habilement exploitée afin de lancer un mandat d'arrêt contre lui, au moment même où il publiait les câbles diplomatiques américains ?

Je penche pour la seconde hypothèse et ajoute qu'à mes yeux, même si sa conduite est légère, il y a un sérieux écart entre ce que Julian a fait, d'après ce que j'en sais, et un *viol*. Cependant, je n'entends pas imposer au lecteur mon interprétation de cette affaire.

Trois mois. C'est le temps qu'il m'a fallu, après le *cablegate* et le début de la procédure d'extradition, pour parvenir à rétablir le contact. Julian avait atterri au fin fond de la campagne anglaise, à Ellingham Hall. Un certain Vaughan Smith – reporter de guerre, ancien capitaine des *grenadier guards* et descendant d'une dynastie de militaires au service de la Couronne – lui avait offert, ainsi qu'à l'équipe de Wikileaks, l'hospitalité de la demeure de ses ancêtres dans le Norfolk. Ce n'était pourtant qu'une semi-liberté ; Julian avait obligation de porter un bracelet électronique à la cheville et de se présenter deux fois par jour dans un commissariat situé à dix kilomètres de là. Il employait l'essentiel de son temps à multiplier les recours pour échapper à l'extradition – à tort ou à raison, il craignait que la Suède, s'il y mettait les pieds, ne le livre aux États-Unis. Néanmoins, il était disposé à recevoir Saviano sur place.

Du côté de Roberto, une nouvelle contrariante est tombée : ce dernier m'a expliqué que, s'il faisait le trajet jusqu'en Angleterre, les *carabinieri* italiens ne seraient pas en mesure d'assurer sa protection, car ils avaient besoin d'un délai de deux mois pour sécuriser un voyage à l'étranger. Par conséquent, il me revenait de veiller moi-même à sa sûreté. Pour quelqu'un qui est censé faire du journalisme d'idées, c'est-à-dire vivre les temps forts de sa vie professionnelle en interviewant des philosophes ou en participant à des débats, je me suis retrouvé emporté très loin de mes références habituelles : je me suis mis à contacter les sociétés de protection rapprochée londoniennes qui avaient accompagné les équipes de télévision en Irak. Là, j'ai découvert que tout s'achetait, ces compagnies sont capables de mettre à votre disposition des véhicules blindés, des hors-bord et des hélicoptères militaires, ainsi que des ex-membres du SAS, le prestigieux Special Air Service. J'ai demandé des devis, car la date approchait. Les choses prenaient tournure. Et puis… un beau matin, Roberto n'a plus donné de nouvelles. Que s'est-il produit ? Je ne l'ai jamais su. Il a simplement cessé de répondre. J'ai appelé son agent, qui m'a expliqué que cela se produisait quelquefois. Quand il se sentait menacé, Roberto s'évaporait. Lui-même n'avait plus de contact avec son auteur. Mais était-ce la véritable raison ?

Saviano est désormais un intellectuel public qui soigne beaucoup son image, il rêve d'incarner la conscience morale de l'Italie – vaste programme. Plus les années passent, et plus le jeune romancier téméraire prêt à en découdre avec la Camorra se transforme en un éditorialiste sentencieux, en un donneur de leçons. A-t-il eu peur de se compromettre avec Julian Assange, un type sulfureux qui possède au moins autant de défauts que de qualités ? C'est une éventualité. Mais les faits étaient là ; j'avais frôlé le scoop international, et j'en étais quitte pour avoir passé des dizaines d'heures à rédiger des mails en anglais et en italien. *Dear Julian… Caro Roberto…*

Cet été-là, je suis parti pour des vacances familiales en Ligurie. Je n'ai pas emporté d'ordinateur portable avec moi, j'ai décoché l'option de transfert de données sur mon téléphone. J'étais donc hors mails pour vingt jours – une expérience que je vous recommande, si vous n'osez plus la tenter.

J'en ai profité pour me mettre à nager comme jamais auparavant. C'est comme pour l'amour sans préservatif ; il doit y avoir quelque chose d'un peu détraqué en moi, car je ne déteste pas la prise de risque. J'ai découvert le plaisir de partir plusieurs heures et d'abattre des kilomètres en haute mer. En Ligurie, la Méditerranée est presque inorganique. Les fins cheveux verts de la *posidonia oceanica* qui couvraient les fonds au *quattrocento* – comme l'Italie devait être belle à la Renaissance ! – ont été arrachés par les ancres des bateaux, les poissons ont disparu, il ne reste que des méduses. Crawler en haute mer, c'est apprendre à les repérer dans une semi-obscurité et à louvoyer entre elles. Ces petites boules translucides, qui attrapent si bien la lumière du soleil qu'elles en paraissent phosphorescentes, jettent comme une touche d'effroi dans les eaux mortes.

Je me suis toujours demandé pourquoi on disait « surfer » sur le Web. L'idée est sans doute qu'on n'accorde pas une attention profonde aux textes et aux images qu'on visionne, qu'on reste toujours à la surface des données, sans s'y plonger vraiment. Et pourtant, il me semble qu'il serait plus approprié d'employer le verbe « nager » : on nage dans le Web, qui se présente comme un océan reliant entre eux des îlots innombrables. Le surfeur reste en équilibre sur sa planche, il a le regard alerte ; il surveille les vagues, ajuste sa trajectoire, ne se laisse pas volontiers engloutir par l'élément sur lequel il se déplace. Tandis que le nageur, lui, est aveugle. Il ne sort la tête de l'eau que pour inspirer à pleins poumons et, s'il voit quelque chose, c'est le halo du soleil à travers ses lunettes, la coloration lointainement bleue et scintillante du ciel, parfois un oiseau, un sac plastique ou une bouée. Le nageur est bel et bien perdu dans l'espace, il n'a pas de paysage autour de lui, seulement ces masses d'eau diversement irisées qu'il fend en battant des bras et des jambes.

À mon retour de vacances, le dernier numéro du *Harper's* – un mensuel américain célèbre pour ses robustes articles d'analyse – m'attendait au bureau. Dans ses pages, je suis tombé sur un essai passionnant, *Visible Man*, « L'Homme visible », signé Peter Singer. De nationalité australienne comme Julian, Singer est l'un des philosophes les plus influents et les plus controversés dans le domaine de l'éthique. À certaines époques, il a dû engager un garde du corps pour assurer son cours à Princeton, tant ses détracteurs manifestaient de l'animosité contre lui.

Singer n'a jamais fait dans la dentelle. Côté soleil, c'est l'un des premiers défenseurs de la cause animale : il plaide brillamment pour qu'on accorde davantage de considération à ceux qu'il appelle les *sentients* – c'est-à-dire aux bêtes douées de sensibilité et qui sont capables de se projeter dans l'avenir, qui donc éprouvent quelque chose lorsqu'on les maltraite ou qu'on les tue. Côté ombre, il a signé des articles stupéfiants, par exemple « Should the baby live ? », « Le bébé doit-il vivre ? », dans lesquels il explique qu'il faudrait euthanasier les handicapés dépourvus de conscience, car ils représentent un poids pour la société. Suivant la logique de Singer, il vaut mieux, si une sécheresse accable votre village, donner à boire aux vaches et aux chiens qu'aux nouveau-nés humains qui, s'ils périssent, ne s'en rendront même pas compte. Dans un pays où certains militants *pro-life* sont allés jusqu'à tirer sur des infirmiers ou des médecins pratiquant l'avortement, les déclarations de Singer sur l'absence de valeur de la vie des handicapés et des nourrissons lui ont valu des inimitiés mortelles.

Dans *Visible Man*, Singer s'exprimait sur Internet de façon novatrice. Par un effet de leur formation, les philosophes sont pour la plupart technophobes – ils n'aiment pas ces gadgets qui déboulent sans arrêt sur le marché et qui leur paraissent contradictoires avec une certaine conception qu'ils se font de l'existence authentique. C'est pourquoi, dans leurs propos sur les ordinateurs et la Toile, le *lamento* l'emporte. Mais Singer, une fois de plus, ne partageait pas les affects dominants de la corporation : non seulement il prenait fait et cause pour Wikileaks, mais il expliquait qu'Internet allait réussir là où la religion avait échoué. Quel fut le grand projet des monothéismes ? Moraliser les comportements, amener les êtres humains à se conduire mieux, à respecter certaines valeurs – celles du Décalogue, par exemple. Mais elles ont failli à leur mission. Que crée Internet ? Un monde dans lequel chacun évolue sous l'œil de tous – nous sommes entrés dans l'époque de la visibilité permanente. Si vous savez qu'à tout moment un quidam ou un voisin est susceptible de vous filmer à l'aide d'un téléphone portable et de mettre en ligne la vidéo, si n'importe laquelle de vos déclarations intempestives peut se propager sur la Toile viralement, si vos concurrents ou vos ennemis ont intérêt à diffuser les informations embarrassantes qui vous concernent, alors vous devez prendre soin de bien agir. Considérez la mésaventure du styliste John Galliano : il a déblatéré des injures antisémites scabreuses un soir de beuverie, dans un bar du Marais, et la scène a fait le tour de la planète, provoquant son licenciement par Dior. C'est cela, vivre à l'époque de l'Homme visible : il est nécessaire de bien se comporter, même lorsqu'on pense mal et qu'on est animé par les pires intentions. Au catéchisme, on disait autrefois aux enfants que Dieu les observait sans relâche. Cela marchait un temps. Et puis, leur foi s'émoussait, ou bien ils se mettaient à considérer Dieu comme le complice idéal de leurs bêtises, et cet argument cessait de leur paraître contraignant. Pour nous autres, il n'est plus besoin de bâtir une fiction théologique : nous pouvons réellement être vus à chaque instant de notre vie et il s'agit d'un état de fait, pas d'un postulat métaphysique contestable (pourquoi le Créateur omnipotent de l'Univers m'accompagnerait-il aux toilettes ?).

La lecture de cet article du *Harper's* m'a donné envie de tenter une dernière fois ma chance. J'ai envoyé un mail à Singer – avec qui j'avais déjà été en contact par le passé – pour lui demander s'il serait d'accord pour discuter avec Assange. Il m'a répondu en parfait éthicien : il était très intéressé, mais refusait de prendre l'avion, car l'empreinte écologique de cette discussion philosophique aurait été disproportionnée ; il exigeait donc que l'échange se fasse *via* Skype. J'ai ensuite écrit à Julian : il était d'accord pour que je vienne le voir à Ellingham Hall et que nous passions un appel en visiophonie au grand professeur de Princeton. Que ces deux hommes veuillent se parler n'était pas absurde. N'étaient-ils pas les deux *Aussies* – comme on appelle familièrement les Australiens – les plus célèbres de leur temps ?

Sans perdre une minute de plus, je me suis connecté au site d'Eurostar pour réserver mes billets de train.

3

Est-ce parce que je supporte mal la chaleur ? D'après moi, Asunción ferait une bonne capitale pour l'enfer. Quand j'y ai atterri, au mois de novembre 2013, c'est-à-dire à la fin du printemps dans l'hémisphère Sud, la température avoisinait déjà les quarante degrés. Des arbres exotiques dont je ne connaissais pas le nom fleurissaient, des grappes de pétales tapissaient les chaussées. Partout où manquait le revêtement, la terre était rouge, couleur sang-de-bœuf. Même l'hyper-centre de la ville, l'esplanade cernant le Palais du gouvernement qui domine le vaste rio Paraguay m'évoquait un cargo rouillé échoué sur une plage : la violence du climat subtropical est telle qu'elle érode les façades, craquelle le bitume, pourrit sur pied les réverbères et le mobilier urbain, sable les vitrages au point de les rendre troubles, et l'ensemble avait l'air de partir à vau-l'eau, de glisser vers la ruine.

La veille de notre arrivée, une jeune fille d'une vingtaine d'années s'était fait abattre à un arrêt de bus par deux motards, qui lui avaient volé son iPhone. C'était la coutume locale, nous a-t-on expliqué. Pour éviter que leurs victimes ne portent plainte, les voyous tuaient d'abord et se servaient ensuite. Leur mode opératoire était rapide et sans merci ; deux hommes surgissaient sur une moto, visages casqués, ils shootaient un passant, ramassaient un portefeuille ou un téléphone et filaient sur les chapeaux de roue.

Lorsqu'on vous raconte qu'Asunción fut naguère choisie par les jésuites pour leur servir d'établissement principal dans la partie centrale de l'Amérique latine, que c'est de là que les missionnaires partaient pour évangéliser les Indiens jusqu'aux confins de l'Amazonie – comme le montre le film *Mission* –, et que cette ville aurait dû, théoriquement, connaître un destin plus grandiose encore que Buenos Aires ou Rio de Janeiro, il y a de quoi rester incrédule : non seulement la capitale du Paraguay ressemble à une épave, mais son passé n'a guère laissé de traces remarquables. La principale librairie du centre-ville est moins bien achalandée que le rayon littérature de l'Intermarché de Chauffailles en Saône-et-Loire – et je sais de quoi je parle. Asunción donne l'impression d'être loin de tout : c'est, en somme, moins une capitale au sens où nous l'entendons d'habitude, qu'une sorte de ponton abandonné ou de tremplin pour quitter le monde civilisé et se perdre dans un ailleurs luxuriant. De là, un aventurier peut gagner les profondeurs de la jungle ou se risquer dans le désert blanc du Chaco, infesté de jaguars, de caïmans et de serpents à sonnette.

C'est à Asunción que j'ai rencontré le deuxième personnage de cette histoire, Philippe. Philippe est l'un de ces Français qu'on retrouve perdus au bout du monde ; un de ces hommes qui roulent leur bosse avant de poser leurs valises, un peu par hasard, dans un coin reculé où ils sont à peu près sûrs qu'on leur fichera une paix royale. Contrairement à Julian, il ne s'agit pas d'une célébrité, mais d'un parfait anonyme. Il m'a pourtant révélé une autre face du Web, subversive et influente autant que méconnue.

Qu'il me soit permis, avant d'en dire davantage, de faire une digression sur la manière dont s'organisent les voyages, aujourd'hui. Cela m'éloigne provisoirement de mon sujet central, mais je pense qu'il y a là aussi matière à réflexion.

Le Paraguay est un pays dans lequel je me suis rendu pour un motif professionnel ; j'effectuais une tournée en Amérique latine afin de prononcer une conférence sur la philosophie politique d'Internet. Cette tournée était organisée par le ministère des Affaires étrangères et coordonnée depuis l'ambassade de France de Lima, au Pérou. J'étais évidemment ravi du périple mais, sur un point, nous n'avons pas suivi, ma femme et moi, les conseils de la puissance invitante. Au lieu d'employer notre forfait *per diem* pour prendre une chambre dans les hôtels recommandés par les ambassades, nous avons loué des appartements chez des particuliers. Si nous préférons passer par Airbnb plutôt que de descendre dans des hôtels, ce n'est pas seulement parce que cela coûte un peu moins cher, c'est aussi un choix générationnel. Le portier en bas qu'il faut réveiller quand on rentre tard, les chambres climatisées avec leur moquette sur le sol et leurs savonnettes empaquetées dans des sachets plastifiés, les caméras de vidéosurveillance dans les couloirs, les petits-déjeuners pris dans une salle commune avec des commerciaux mal réveillés qui errent le long du buffet – ce décorum de l'hôtellerie standard nous enchante beaucoup moins que d'avoir la clé d'un petit appartement en poche, et d'aller et venir sans avoir de comptes à rendre.

À Lima, cette manière de voyager nous a causé une belle surprise. Comme nous ne devions y rester que deux nuits et que notre vol intercontinental arrivait à deux ou trois heures du matin, nous avons réservé un studio à proximité de l'aéroport, en banlieue.

Regarde comme ils ont l'air gentils, m'avait dit ma femme en me montrant nos hôtes, qui s'étaient tous photographiés en famille, père, mère et enfants, manifestement endimanchés, pour illustrer leur page Airbnb.

Les gens de l'ambassade n'étaient pas du même avis : j'ai reçu plusieurs mails prévenant qu'il ne fallait surtout pas loger dans ce secteur, dangereux. Il y eut cinq ou six messages de mise en garde, dont nous n'avons pas tenu compte. En effet, j'ai tendance à me méfier des expatriés français : d'ordinaire, ils se regroupent dans un quartier chic, se fréquentent entre eux et passent leur temps à pleurnicher parce qu'ils ne trouvent pas de camembert à leur goût, ainsi qu'à fomenter des intrigues pour faire arriver du vin de France par la valise diplomatique.

Une fois sur place, la rue Leonardo Arietta ne nous a pas semblé périlleuse. En ce qui me concerne, j'ai un critère – pas totalement rigoureux, je l'accorde – pour décider si je suis en danger ou non, quand je me balade dans un endroit réputé mal famé : tant qu'il y a sur les trottoirs des femmes et des enfants, je considère qu'il n'y a pas de raison de s'inquiéter. Sous ce rapport, notre rue et les environs n'avaient rien d'alarmant. Seul un détail clochait : il n'était pas possible d'entrer dans les magasins. Il y avait bien des épiceries, des quincailleries ou des boulangeries, mais leur entrée était toujours défendue par de solides barreaux d'acier formant une herse scellée dans le béton, inamovible. Les clients hélaient donc le commerçant et on échangeait un pack de lait ou une grappe de raisins contre la monnaie, à travers la grille. De cette façon, il n'était pas possible de débarquer avec un fusil à pompe dans ces échoppes pour les braquer.

Avant de quitter Lima où nous ne devions coucher qu'un soir, un minuscule incident s'est produit. Par maladresse, j'ai laissé tomber un tube de déodorant qui a causé, dans la cuvette des W.-C., un trou assez grand pour y passer l'index. En examinant les dégâts, j'ai constaté que la cuvette était bien en faïence, mais qu'elle n'avait pas plus de deux ou trois millimètres d'épaisseur ; elle était à peine plus résistante que du carton. Je suppose que ce type de chiottes, fabriquées en Chine, n'est pas conforme aux normes européennes, raison pour laquelle je n'en avais jamais vu auparavant. Enfin, l'évidence était là, le tube de déodorant n'était pas lourd mais il avait crevé les W.-C.

Nous sommes allés trouver notre logeur – un garçon d'environ vingt-cinq ans, très souriant malgré ses dents très entartrées, qui passait ses journées devant la télévision et se déplaçait en traînant ses vieilles tongs sur le ciment. Nous lui avons montré les dommages et sommes convenus d'un prix pour la réparation. Et puis, il nous a demandé ce que nous faisions dans la vie.

Comment, vous vous occupez de philosophie ? a-t-il dit avec un enthousiasme brusque. Mais c'est ma passion, la philosophie. Je l'ai étudiée pendant un an, chez un cousin, en Allemagne, à l'université d'Heidelberg. C'était super.

Comme pour confirmer ses dires, le lendemain, il nous a envoyé un mail où il nous remerciait de l'avoir dédommagé pour les W.-C. abîmés, en terminant ainsi :

«*A confession has to be part of your new life*», Ludwig Wittgenstein, *Culture and Value.*

«Une confession doit faire partie de ta nouvelle vie.»

Bien joué! Chiara a fait sa thèse et publié un livre sur Wittgenstein, auquel elle a consacré une dizaine d'années d'études – il avait dû la googliser et avait très habilement cité son penseur de prédilection dans ce dernier mot.

Cette anecdote est révélatrice du fonctionnement de notre monde. D'une part, on a tendance à rencontrer sur Internet des gens qui nous ressemblent, car nos recherches sont orientées par nos habitudes et nos centres d'intérêt, et cela se vérifie même pour un acte aussi anodin que de choisir un studio sur un site de location touristique. D'autre part, la mondialisation est si avancée qu'il n'est plus possible de prévoir ce qu'il y a dans la tête des gens d'après leur position géographique – ce qui est une première dans l'Histoire. Un jeune homme de vingt-cinq ans vivant dans le centre de Paris peut n'être qu'un fils à papa abruti par les soirées, qui n'a jamais ouvert un livre par envie personnelle; et dans les favelas d'Amérique latine, il y a des amoureux de Wittgenstein. Ce méli-mélo aurait été impensable il y a un siècle. Quand Gide voyage au Congo, dans l'entre-deux-guerres, il est l'unique lettré, le seul capable de convoquer des références classiques. Il ne lui vient pas à l'esprit qu'un Congolais pourrait lui donner la repartie ou l'affronter dans le domaine de la pensée.

À Asunción, la malédiction Airbnb nous a poursuivis. Cette fois-ci, nous avions loué non pas une piaule mais un appartement plutôt joli sis rue A., dans une zone résidentielle verdoyante. Dès notre arrivée, nos hôtes, un couple franco-paraguayen, ont manifesté un vif empressement. Lui, le Français, comme il savait que j'allais prendre la parole à l'Alliance à propos des rapports entre Internet et la politique, m'a fait comprendre qu'il avait des révélations importantes à me communiquer, qui n'étaient pas étrangères à mon thème. Le problème, c'est que nous passions au Paraguay en coup de vent, et que nous avions décidé d'y faire un peu de tourisme – en particulier, nous comptions nous rendre aux cascades d'Iguazú, site monumental qui servit de cadre au film *Mission*, justement. Malgré tout, nous avons réussi à caser un moment – nous avons décidé de prendre l'apéritif ensemble le dernier soir.

C'est ainsi que nous nous sommes retrouvés avec Philippe et son épouse, autour d'une table basse richement servie en tacos, guacamole, concombres frais, tomates cerise et chips. Philippe s'est excusé : il ne me proposait pas d'alcool fort ni même de pastis, mais seulement une bière blonde très légère – l'unique bière paraguayenne, la Pilsen – car, a-t-il observé, sous les tropiques, il ne faut pas boire d'alcool plus costaud, ça monte au cerveau, ça rend malade, à cause de la chaleur. Va pour la petite bibine, donc... Ensuite, Philippe m'a expliqué qu'il était *truther.* Je n'avais jamais entendu ce terme.

Les *truthers* sont des gens qui cherchent *the truth*, la vérité. Pour cela, ils enquêtent en employant des méthodes plus ou moins journalistiques ; Philippe était un ancien militaire formé à l'action commando, et ces compétences l'avaient aidé à infiltrer pas mal de lieux protégés par le secret défense, disait-il. Il se présentait lui-même comme un membre assez éminent – par l'ampleur de ses découvertes – d'une communauté internationale de truthers qu'il estimait riche de deux à quatre cents millions de membres. Leur obsession ? Faire sortir les vérités que les journaux, radios et télévisions officiels censurent. Bien sûr, dans le cinquième arrondissement de Paris, les truthers portent un autre nom : on les appelle les conspirationnistes.

Avant de rencontrer Philippe, je ne connaissais pas grand-chose aux théories du complot ou j'en avais, disons, cette image sommaire : je pensais qu'elles avaient pour objet principal de contester la version officielle des attentats du 11 septembre 2001. Je ne me trompais pas entièrement – Philippe avait sa propre explication de ces attentats, particulièrement sophistiquée. Lorsqu'il me l'a exposée, je n'ai pu m'empêcher de repenser à cette déclaration d'Assange que je trouve aussi savoureuse qu'abyssale : « Pourquoi les gens se passionnent-ils pour cette idée qu'il y a un complot derrière le 11 septembre, alors qu'il existe tant de conspirations réelles ? »

Cependant, Philippe ne s'est pas contenté d'évoquer cet argument ressassé. Il m'a fait découvrir bien d'autres cas, nettement plus préoccupants : grâce à lui, j'ai appris que plusieurs présidents américains avaient participé à des orgies sataniques, qu'il existait un vaste programme militaire pour contrôler le climat ou encore qu'il y avait plusieurs centaines de camps de concentration en activité aux États-Unis. En l'écoutant, j'ai compris que les centres d'intérêt des truthers et les ramifications de leurs théories étaient bien plus étendus qu'on ne le croit généralement.

En outre, Philippe avait quelque chose de plus que les dénonciateurs habituels du nouvel ordre mondial. Il avait du brio, à sa manière : tandis que nous sirotions lentement notre unique bouteille de bière – l'apéritif a duré près de trois heures et nous n'avons rien bu d'autre –, il m'a asséné un long monologue hyperdocumenté, sans reprendre son souffle. Il n'était jamais à cours de citations, de chiffres, d'anecdotes. Sa volubilité prévenait les objections, il était presque impossible de lui résister. Après coup, ma femme s'est moquée de moi :

Tu en as enfin trouvé un qui te cloue le bec ! Je ne t'ai jamais vu comme ça, jamais. Elle se tenait les côtes de rire. Il t'a fait la leçon, et tu n'as pas prononcé une parole.

En effet, j'avais laissé Philippe causer. Parce que je n'avais jamais rien entendu de pareil, et les « dossiers » qu'il avait évoqués m'étaient inconnus.

Une chose qui plaidait en faveur de notre hôte, c'était la maison où nous logions : d'après ce qu'ils nous avaient raconté, Philippe avait presque tout fait lui-même : toit, gouttières, isolation, plomberie, électricité, cloisons, huisseries, que sais-je... En Italie, on entend rarement dire que certaines personnes sont plus ou moins intelligentes, qu'elles ont tel ou tel diplôme, la réussite scolaire n'est pas franchement un argument qu'on invoque dans la conversation courante ; par contre, on cherche à savoir si vous êtes *précis* ou non. Dans la culture italienne de base, on juge les gens selon leur niveau de précision : leur maison est-elle propre ? Respectent-ils scrupuleusement la parole donnée ? Et par-dessus tout : font-ils attention, lorsqu'ils accomplissent une tâche, aux finitions ? C'est parce que les Italiens sont tellement férus de précision qu'ils sont capables de faire des Ferrari, du prêt-à-porter haut de gamme et des *linguine* aux fruits de mer *al dente* : cette quête de la perfection du détail va parfois chez eux jusqu'à la fureur monomaniaque. C'est pourquoi, aussitôt après l'apéritif, j'ai vu ma femme inspecter, dans notre logement que Philippe avait construit de ses mains, l'encastrement des prises électriques dans les plinthes, le joint d'étanchéité de la douche ou les attaches des tringles à rideaux : il n'y avait rien à redire, tout était *curato nei minimi particolari*, soigné dans les moindres détails, ce qui signifiait que nous avions affaire à quelqu'un de bien.

Les discours de Philippe m'avaient sonné.

En effet, j'éprouve une certaine méfiance envers ma propre trajectoire et mon métier : je suis diplômé de Sciences Po, où j'enseigne, et j'ai une carte de journaliste professionnel dans la poche, mais si l'on m'a laissé devenir ceci et cela, n'est-ce pas qu'il y aurait quelque entourloupe ? Je m'explique : je suis de bonne foi, j'essaie de ne pas servir les plats, je m'efforce d'être juste et précis, moi aussi, dans la manière dont je mène ma tâche ; mais tout de même, si j'ai fait carrière, ne serait-ce pas que, sans que je m'en rende compte, la version des événements que je donne n'est pas jugée incompatible avec les intérêts des puissants ? Serait-il possible qu'on soit sincère et que, malgré cela, on serve les positions de la classe dominante ? À mon sens, le rôle d'un journaliste, d'un écrivain, d'une personne qui accède à la publication – ce qui est incontestablement un privilège – reste tout de même de *foutre la merde*. Pour le dire de façon plus distinguée, de mettre en circulation des discours qui ne sont pas aisément récupérables par le pouvoir, qui le déstabilisent. C'est un peu naïf de ma part, mais je crois vraiment qu'écrire, cela ne devrait consister qu'à formuler des pensées qui ne sont pas métabolisables par le petit système de domination en vigueur. Néanmoins, est-on toujours à la hauteur d'un tel idéal ?

À sa manière, Philippe était cohérent – mais c'est comme si nous n'avions pas vécu jusque-là sur la même planète. Sa trajectoire, ses références étaient si différentes des miennes. Après l'armée, il avait bourlingué. Il avait rencontré sa femme à Asunción, eu un enfant d'elle et plus tard, à la fin des années 2000, le ménage avait traversé une période sombre : dans un contexte de récession noire au Paraguay, ils avaient perdu leurs sources de revenus et s'étaient retrouvés, sans un sou, pris dans le flot des migrants sans papiers sud-américains. Ils avaient habité des mois des logements clandestins installés dans les *basements* des immeubles à New York. Lui courait les boulots journaliers ; sa femme et son enfant l'attendaient dans un cube de béton souterrain partagé avec d'autres compagnons d'infortune. Cette galère semblait avoir trempé le caractère de Philippe et lui avoir donné la hargne. Il était parvenu à gagner assez d'argent pour acheter des billets d'avion pour la France, la petite famille avait un peu vécu à Montpellier, puis ils étaient retournés au Paraguay avec assez d'économies pour s'y établir... En résumé, cet homme venait de connaître la *vie dure*; il avait lutté pour apprendre ce qu'il savait, au contact de réalités rugueuses et humiliantes.

Une fois rentré à Paris, j'ai réfléchi à tout cela. La philosophie politique d'Internet ? Philippe m'en avait montré une dimension essentielle. C'est pourquoi j'ai conclu une sorte d'accord avec lui : lui-même craignait de publier ce qu'il avait découvert, il ne tenait pas de blog par exemple, parce qu'il estimait que cela mettrait ses jours ou ceux des siens en danger – il avait peur d'avoir un de ces quatre les freins qui lâchent ou qu'un incendie dévastateur ne se déclare chez lui en pleine nuit. Aussi, il se contentait de distribuer les résultats de ses enquêtes à d'autres truthers et à quelques personnalités bien placées, notamment dans le milieu du cinéma français – à ce qu'il prétendait. Il souhaitait que les informations qu'il détenait se diffusent, mais préférait rester en retrait, tirer quelques ficelles sans s'exposer. Cependant, moi, je pouvais bien reproduire ses propos dans un livre, en présentant Philippe comme le personnage d'un récit.

Je lui ai donc proposé l'accord suivant : nous allions parler ensemble, à raison d'un rendez-vous hebdomadaire, *via* Skype ; il me réexposerait posément ce qu'il m'avait raconté, en vrac, lors de l'apéritif. Je l'enregistrerais. En contrepartie, je devais réussir à publier ce matériel dans un bouquin – qui serait agencé de telle manière que le lecteur ne saurait pas si les discours de Philippe relèvent de la réalité ou de la fiction. Ce pacte narratif le mettrait à l'abri de toutes les représailles imaginables, en assurant une certaine visibilité à ses thèses.

Après quelques jours de réflexion, il m'a envoyé sa réponse (à l'écrit, il paraissait nettement plus barré qu'à l'oral) :

«J'ai ; ou plutôt, nous avons décidé d'accepter ta proposition.

À condition :

Que tu enquêtes profondément sur l'existence de cette Conspiration ancestrale, millénaire, qui dirige et conduit sournoisement notre monde depuis toujours.

Et que tu découvres par toi-même son Projet fondamental eugéniste.

Tu dois "impérativement" t'imprégner de "La Matrice" pour pouvoir en connaître toutes les subtilités ; idéologies ; philosophies ; origines et projets avant d'écrire la première ligne de ce roman : roman ou pas ; fiction ou pas : ce livre ne pourra exister autrement.»

Je ne savais pas trop à qui faisait référence le «nous» au début de son message : était-ce une décision qu'ils avaient prise après une discussion en famille, avec sa femme et sa fille ? Ou bien, comme c'était aussi probable, avait-il consulté quelques-uns de ses potes truthers avant de me répondre ?

Quoi qu'il en soit, nos conversations, qui se déroulaient en visiophonie, commençaient toujours de la même manière : nous parlions pendant quelques minutes introductives de la météo. Nos échanges se sont étalés sur deux mois, janvier et février 2014 – à Paris, il faisait froid, certaines nuits des congères apparaissaient dans les caniveaux ; mais pour Philippe, c'était le cœur de l'été tropical. C'est ainsi qu'au lendemain de L'Épiphanie, il m'annonçait :

Hier, on a eu cinquante degrés. Asunción est la capitale la plus chaude du monde. Moi, j'aime bien la chaleur, je résiste, mais là, avec cinquante, c'était dur... Enfin, cela ne m'a pas empêché d'aller me promener dans la brousse.

Ces randonnées me faisaient rêver. Philippe me racontait qu'il partait marcher des heures en pleine nature, seul mais armé ; et que, souvent, il contournait une toile d'araignée géante ou décapitait un serpent venimeux.

Puis les évocations du climat paraguayen le cédaient aux affaires sérieuses. Pour chacune de nos soirées, Philippe avait révisé quelques dossiers. Il avait parfois des notes sous les yeux, mais la plupart du temps, il s'exprimait de mémoire. Et sa méticulosité, sa capacité à entrer *nei minimi particolari* le rendaient semblable à de nombreux érudits universitaires, sauf que ses connaissances étaient sauvages.

Mais trêve de précautions liminaires, voilà comment il est entré dans le vif le premier soir :

On a prévu de commencer par le projet HAARP, pas vrai ? HAARP, c'est un bon choix. Parce que plein de choses partent de là, notamment le tsunami qui a frappé le Japon, hein, et qui a été monté de toutes pièces, c'est qu'une manipulation pathétique… Mais bon, je vais reprendre les choses avec méthode, parce que sinon tu te diras que je déconne à fond les ballons. Tu connais Nikola Tesla ?

Vaguement. De nom, ai-je répliqué en secouant négativement la tête.

Tesla, c'est un génie scientifique, le plus grand du XXe siècle – après Einstein, bien sûr. Sauf que Tesla s'occupait moins de recherche fondamentale, il était davantage versé dans l'ingénierie, les machines. Il a eu un parcours pas croyable. Il est né en 1856 dans une petite ville de Croatie, qui appartenait alors à l'Empire austro-hongrois, et comme il était super-brillant, il a été admis à l'École polytechnique de Graz, en Autriche. Et puis, avec l'espoir de faire fortune, il a émigré aux États-Unis, à New York. C'est lui qui a démontré à Edison qu'il valait mieux parier sur le courant alternatif que sur le courant continu. Il était dans ce genre de coups. On ne dénombre pas le nombre d'inventions qu'il a mises au point, il a déposé plus de trois cents brevets. Aujourd'hui, c'est le gars de Google qui les gère – Ray Kurzweil –, un comble. Enfin, c'est bien dans la logique des choses, parce que toute sa vie, Tesla a été trahi et pillé par ses partenaires américains, si bien qu'il a fini par se terrer dans une chambre d'hôtel, dont il ne sortait plus… Mais c'est une autre affaire.

L'origine de HAARP, dont je veux te parler ce soir, remonte à une conférence que Tesla a donnée à l'université Columbia, c'est à New York, le 20 mai 1891 : il a déclaré qu'il avait trouvé le moyen de « capter l'énergie libre », c'est-à-dire d'employer, pour faire fonctionner nos machines, une énergie cosmique disponible en quantités illimitées et gratuite. Tu connais les centrales marémotrices, qui transforment le courant marin en électricité ? Eh bien, ce sont les flux spatiaux que Tesla tentait de convertir en énergie utilisable. Je te cite sa déclaration : « Dans quelques générations, nos machines seront animées grâce à une énergie disponible en tout point de l'univers. » T'imagines un peu comme les lobbys, les industriels du charbon, du gaz et du pétrole, sans parler du nucléaire qui n'existait pas encore, ont été enchantés par la nouvelle ? Je promets de vous fournir l'électricité et le pétrole gratis… Un ange passe. Cela dit, au cours de ses expérimentations, Tesla a trouvé comment déplacer de grandes quantités d'énergie d'un point à un autre du globe, et cela sans câble, sans oléoduc, sans transport ferroviaire ni maritime, à une vitesse éclair. Le principe, tu vas le piger tout de suite : pour déplacer l'énergie, il suffit d'envoyer du courant électrique vers la ionosphère. La ionosphère, c'est la couche supérieure de l'atmosphère, elle commence à quatre-vingt-cinq kilomètres d'altitude, s'achève à trois cents, elle a la particularité d'être fortement ionisée et donc conductrice. Mettons que tu envoies une décharge de quelques dizaines de mégawatts à partir d'un point de la Terre vers la ionosphère, avec une certaine inclination. La ionosphère non seulement va conduire le courant, mais elle va aussi amplifier sa puissance électrique, si bien que tu te retrouveras avec plusieurs centaines de mégawatts à l'arrivée. Voilà ce qu'avait découvert ce bon vieux Tesla.

Partant de là, son principe, tu t'en doutes, a beaucoup intéressé l'armée américaine, qui a développé dans les années 1990 un programme au nom inoffensif, presque poétique je dirais, HAARP. Ils raffolent des noms de code, ces Américains, ils en ont à foison. HAARP est l'acronyme de *High Atmosphere Auroral Research Program* – un projet de recherche sur les aurores boréales, pas de quoi en faire un fromage… Sauf que l'installation, comme tu peux t'en apercevoir si tu vas sur Internet, est quand même très curieuse. Il s'agit d'une énorme station située à Gakona, dans l'Alaska, dotée de quarante-huit antennes de vingt mètres de haut, reliées chacune à un émetteur d'une puissance d'un mégawatt. Le projet prévoit qu'à la fin de l'implantation de la station, trois cent soixante antennes du même calibre seront fonctionnelles. Autour de la station de Gakona, des batteries de missiles sol-air ont été disséminées, recouvertes par la végétation mais bien visibles sur certains clichés. Maintenant tu demanderas : À quoi ça sert ce bordel ?

Ben, cette arme fonctionne selon le principe de la transmission de l'énergie découvert par Tesla. Ces antennes envoient une décharge électrique vers le ciel, celle-ci rebondit et s'amplifie au niveau de la ionosphère et retombe là où on veut sur la Terre. Ça permet de couler un sous-marin, de griller un avion en plein vol, mais aussi de créer des catastrophes climatiques et même des tremblements de terre. Je vois, tu ne me crois pas. Pourtant, ce que je te raconte là, c'est un secret de polichinelle.

Tiens, tu as déjà entendu parler du ministre japonais Kazuyuki Hamada ? Il était en charge de la reconstruction du pays après Fukushima. Comme il en avait marre, vraiment, de toutes les critiques dont son pays était la cible pour sa mauvaise gestion de l'accident, il a fini par lâcher le morceau au Parlement, la vidéo est sur Youtube – il a sorti, texto : « Concernant les armes sismiques ou les machines pour modifier les phénomènes naturels, non seulement les États-Unis mais aussi l'URSS et actuellement la Russie ont fait des recherches intensives dans ce domaine. En plus, sur le plan politique et militaire international, tout le monde sait qu'il est possible de produire des séismes et des tsunamis de manière artificielle... Voici mon point de vue fondamental.» Il n'en a pas dit davantage, c'est normal, il tenait à sa peau. Mais c'est déjà énorme.

Puisque je te sens encore réticent, j'ai une source plus que respectable à te citer, tu vérifieras là encore : la députée socialiste suédoise Maj Britt Theorin a remis un rapport au Parlement européen sur le projet HAARP le 14 janvier 1999. Ce rapport est un pur moment d'anthologie, lis-le, c'est en ligne et ça vaut le détour. Il affirme sur le ton de l'évidence des choses qu'on avoue rarement dans les documents officiels, comme ceci : «Le Parlement européen constate que les essais nucléaires atmosphériques et souterrains comportent des retombées radioactives qui ont entraîné la dispersion d'énormes quantités de césium 137 radioactif, de strontium 90 et d'autres isotopes cancérigènes sur l'ensemble de la planète.» C'est écrit. Noir sur blanc. En fait, le rapport brise un tabou, parce que l'opinion publique ignore totalement que ce n'est pas la société civile qui est à l'origine des pires pollutions de la planète. La responsabilité du désastre écologique en cours ne revient ni aux consommateurs ni même aux industries, comme on essaie de nous le faire croire afin de nous culpabiliser, mais très largement aux militaires et aux substances toxiques qu'ils manipulent. Tu sais où ont fini les stocks d'armes chimiques des nazis ? Ils ont été coulés, à la fin de la Seconde Guerre mondiale, au fond de la Baltique, raison pour laquelle cette mer n'a presque plus de poissons. Quant aux Américains et aux Russes, ils se sont amusés, mais alors comme ça, pour le *fun*, pour voir qui avait la plus grosse, à faire péter des bombes nucléaires dans une zone qu'on appelle les grandes ceintures de Van Allen, à quatre cent quatre-vingts kil' de la Terre – ce sont les Américains qui ont remporté ce concours, si ma mémoire est bonne, en balançant là-haut un mégatonne et demi en juillet 1962, cent fois Hiroshima, youp la boum... Mais c'était vraiment une très mauvaise idée, vu que les ceintures de Van Allen, bourrées de protons et d'électrons chargés en énergie, jouent un rôle essentiel dans la protection de notre atmosphère, elles forment un bouclier qui nous protège du rayonnement des éruptions solaires et elles ont été sacrément esquintées... Mais ça, bien sûr, les militaires s'en tamponnent.

Ne t'inquiète pas, je ne m'égare pas, j'oublie pas HAARP : dans le rapport du Parlement européen, tu trouves des passages tout à fait explicites, je te cite : « Le Parlement européen considère que le projet HAARP, en raison de son impact général sur l'environnement, pose des problèmes globaux et demande que ses implications juridiques, écologiques et éthiques soient examinées par un organe international indépendant avant la poursuite des travaux de recherche et la réalisation d'essais ; déplore que le gouvernement des États-Unis ait à maintes reprises refusé d'envoyer un représentant pour apporter un témoignage sur les risques que comporte pour l'environnement et la population le projet HAARP financé actuellement en Alaska. » Tu vois, HAARP existe, je n'ai rien inventé. Les Européens s'en méfient et ils ont bien raison.

Quel rapport avec Fukushima, tu me diras ? Il est assez direct. Les tsunamis, comme tu le sais, sont des raz-de-marée provoqués par des tremblements de terre sous-marins. Les tremblements de terre, quant à eux, ne se produisent pas n'importe où ; ils n'ont lieu qu'au niveau des zones de subduction, là où les plaques tectoniques passent l'une sous l'autre. Dans la zone de frottement, se créent des poches de pression, de plus en plus chargées en énergie, jusqu'au moment où ça craque. Eh bien, ce sont ces poches de pression que les antennes de HAARP permettent de charger de plusieurs milliards de watts supplémentaires, à distance, jusqu'à ce que le tremblement de terre survienne.

Sur ce dossier, j'ai d'ailleurs eu beaucoup de chance. J'ai un pote en Nouvelle-Zélande, un hacker, qui a trouvé une porte dans le système d'exploitation de la station HAARP. Pendant quelques jours, nous avons pu nous balader là-dedans autant que nous avons voulu. C'était géant, j'avais accès aux rapports d'activité et à l'historique des courbes de tous les magnétomètres de la station. Alors, j'ai examiné ça de près, tu penses… J'ai essayé de croiser ces données avec les prétendues catastrophes naturelles de ces dernières années. Tu te souviens du séisme du Sichouan, soixante-dix mille morts en 2008 ? C'est signé HAARP. Le mobile : après la crise des subprimes, les Chinois menaçaient de ne plus financer la dette américaine, ou de relever les taux d'intérêt de façon drastique, alors ils ont reçu un coup de semonce. Dans le cas de Fukushima, la finalité était plus ou moins la même : les Japonais, en 2011, devaient régler des traites d'emprunt aux États-Unis, et comme ils menaçaient de se défiler, de se faire porter pâle, vu que leur économie était moribonde, ils ont reçu un avertissement. C'est de l'extorsion de fonds, à l'ancienne. Tiens, et tu te rappelles Haïti 2010, deux cent vingt mille morts ? HAARP, là encore. Dix jours de charge continue avant le tremblement de terre. Du beau boulot, y a pas à dire. Dans le lot, j'ai aussi trouvé une exception. En 2004, pour les mois précédant le tsunami qui a ravagé les côtes d'Indonésie, je n'ai rien détecté, aucune trace d'activité dans l'historique de la station de Gakona. C'était une catastrophe vraiment naturelle.

Dans l'écran de mon ordinateur, j'ai vu Philippe, un peu jaune à cause de la mauvaise qualité de l'image, se passer la main sur le front. Échauffé par la conversation, il devait être en train de transpirer à grosses gouttes. Comme militaire, je crois qu'il avait servi en Nouvelle-Calédonie à l'époque des émeutes de Nouméa – il avait un visage hâlé, grêlé de cicatrices, martial. On sentait qu'il n'avait jamais cessé d'être en guerre, qu'il pouvait revenir sans jamais se démobiliser à l'assaut.

Mais HAARP ne sert pas seulement à taper très fort du poing sur la table dans les négociations internationales, a-t-il repris, et c'est là que cette arme a des propriétés spéciales, infernales. En effet, le courant électrique, manié finement, permet aussi de faire du *mind-control*, de la manipulation mentale. Du point de vue des états-majors, c'est le Graal, la clé des guerres de l'avenir. Imagine que tu sois capable, dans un périmètre délimité, de plonger la population, pour une durée donnée, dans un état de profonde dépression – c'est comme si tu désactivais les combattants. Si ton emprise sur les esprits est totale, à la rigueur, tu peux même envisager de t'emparer d'un pays sans avoir à lâcher une bombe ni à tirer une balle.

Hélas, c'est pas pour demain, et les essais en la matière ne sont pas très concluants. La CIA a bien tenté un petit truc, en août 1951, dans le sud de la France. Tu te souviens de l'« affaire du pain du diable » ; de ce village du Gard, Pont-Saint-Esprit, dont les habitants ont été soudain pris de folie au point qu'il y a eu des scènes d'orgies et des suicides en pleine rue ? Après une enquête bâclée, on a mis ça sur le compte d'une intoxication alimentaire à l'ergot de seigle. Le pain du boulanger, il avait bon dos. Et puis, il n'y a pas longtemps, un retraité de la CIA a parlé. Ils avaient empoisonné ces villageois avec du LSD, pour étudier l'effet de cette drogue sur quatre mille individus. Mais c'était trop le bordel, l'anarchie psychédélique, pas une expérience à reproduire en somme... HAARP obtient des résultats plus précis. Après tout, les connexions dans notre cerveau marchent à l'électricité, donc en utilisant certaines intensités on parvient à en prendre le contrôle. C'est encore très imparfait, mais c'est une option que l'armée américaine teste.

Quand j'habitais à Montpellier, à la fin des années 2000, je suis entré en contact avec un couple de chercheurs du CNRS à la retraite. Ils habitaient une maison très isolée dans le Massif Central. Ils se plaignaient d'entendre un bourdonnement permanent. Comme ils étaient scientifiques, ils se sont mis à enregistrer les ondes, à faire des mesures, des diagrammes, et ils ont posté l'ensemble de ces données sur leur site, en demandant aux visiteurs de les aider à comprendre ce qui était en train de leur arriver... Eux-mêmes pensaient qu'il s'agissait d'une rivière souterraine ou d'un truc du genre. Je leur ai écrit :

Ne cherchez plus, les gars, c'est HAARP. Y a un autre couple en Savoie qui a fait les mêmes observations que vous et qui les a aussi mises en ligne. Recoupez les mesures, étudiez-les.

En fait, la discussion s'est très mal passée. Ils m'ont pris pour un cinglé, m'ont balancé leur science à la tête, m'ont traité de haut. Je leur ai quand même envoyé la documentation que j'avais, par mail. Deux mois plus tard, la femme du couple m'a rappelé, elle avait une voix toute douce, mielleuse, elle avait étudié mon hypothèse, lu et relu les docs, ça collait parfaitement, elle désirait me rencontrer. Mais je les ai plantés là, bien sûr, je n'aime pas qu'on me prenne pour un blaireau. En tout cas, les plaintes pour des bourdonnements inexpliqués, qui jaillissent ici et là sur la planète, sont un des effets des tests de HAARP – et c'est vrai qu'on parvient à dérégler les gens, à les rendre tarés, en les soumettant à des rayonnements constants. Pour te montrer que je n'affabule pas, cette utilisation de HAARP est aussi signalée dans le rapport de Maj Britt Theorin : « Le Parlement européen demande que soit établi un accord international visant à interdire au niveau global tout projet de recherche et de développement, tant militaire que civil, qui cherche à appliquer la connaissance des processus de fonctionnement du cerveau humain dans les domaines chimiques, électriques, des ondes sonores ou autres au développement d'armes, ce qui pourrait ouvrir la porte à toutes sortes de manipulations de l'homme… » Enfin, s'ils s'imaginent qu'avec ce genre de vœux pieux les docteurs Folamour vont stopper leurs recherches, ils rêvent !

À l'issue de cette tirade, je n'ai pu m'empêcher de formuler une objection – je m'étais pourtant fixé la règle, pour ces entretiens, de ne pas contredire Philippe, afin de lui laisser vraiment le temps d'exposer ses arguments. Cependant, un détail pratique me chagrinait :

Dis-moi, tu m'as bien dit que la station HAARP était située en Alaska ? Bon, je ne suis pas géomètre, mais il me semble quand même que la Terre est ronde et qu'on ne peut pas, en tirant depuis le pôle Nord, même avec un rebond dans l'ionosphère, atteindre Haïti ou même le Midi de la France, c'est trop bas…

Oui, tu as parfaitement raison, a admis Philippe sans même paraître ébranlé par l'argument. Mais il faut que je te parle maintenant d'un autre programme, complémentaire par certains côtés, Cloverleaf. Le trèfle-feuilles : encore un nom de code charmant et bucolique. Avant d'entrer dans les arcanes du Cloverleaf Project, ultrasecret bien sûr, tu dois posséder quelques notions sur les *con trails*, les traînées de condensation que laissent les avions dans le ciel.

Cela t'arrive régulièrement, non, quand le temps est clair, de voir ces grandes lignes blanches qui strient le ciel et se dispersent lentement ? Elles sont faites de vapeur d'eau. Les *con trails* ne se forment néanmoins que sous certaines conditions météorologiques, il faut un certain taux d'humidité, et aussi une altitude déjà assez élevée ; un avion civil ne produit ce type de traces qu'entre six et douze mille mètres. Et c'est là que le bât blesse… Depuis une vingtaine d'années, partout dans le monde, des particuliers observent des traînées persistantes laissées par des avions de transport à basse altitude – bien en dessous des six mille mètres. Leur dispersion est lente et peut durer toute la journée. Inévitablement, certains ont commencé à se poser des questions, à prendre des photos, à réaliser des vidéos et à poster ce matériel sur des blogs. C'est ainsi qu'on s'est aperçu qu'il existait, en plus des *con trails*, des *chem trails*, où *chem* est une abréviation de l'anglais *chemical*, chimique. En recoupant les données d'observation, il est apparu qu'il y avait un gigantesque projet d'épandage de substances artificielles autour de la Terre.

Comme HAARP, c'est un secret de polichinelle. Un jour, un présentateur de télévision américain a craqué, il a balancé la vérité dans une séquence assez rock'n'roll que je te conseille de visionner. Il a montré, sur la carte de la Californie, en plein milieu du désert, une longue tache blanche, et il a donné cette explication : «Vous voyez ces bandes de nuages très différentes des autres qui couvrent certaines régions ? Ce n'est pas de la pluie, ce n'est pas de la neige. Croyez-le ou pas, des avions militaires volent au-dessus de ces régions et crachent de l'aluminium en paillettes. J'étais dans le corps de la Marine pendant de nombreuses années et croyez-moi, c'est ce qu'il se passe.» Courageux, le mec. Juste après, il a été viré. Mais l'info était partie.

En janvier 2002, il y a eu une autre fuite, d'une source plus autorisée celle-là : un politicien américain, Dennis Kucinich, ancien maire de Cleveland, élu à la Chambre des représentants, pas un rigolo, a déclaré dans une interview, alors qu'on l'interrogeait sur ces épandages : « La vérité est qu'il y a un programme entier, au département de la Défense, nommé Vision pour 2020, qui développe ces armes. » Le même Kucinich proposait d'introduire le terme de *chem trails* dans un texte de loi, pour bannir leur usage, tandis que l'administration américaine a toujours nié l'existence de telles pratiques. Pas folle, la guêpe. Si ça n'existe pas, comment légiférer ?

Enfin, au départ, la finalité du projet Cloverleaf n'est pas mauvaise, je suis même carrément pour. Fais un effort de mémoire, souviens-toi des débats du début des années 1990 sur les trous dans la couche d'ozone : on nous expliquait qu'à cause des gaz chlorofluorocarbures lâchés par les aérosols, la couche d'ozone était très endommagée, ce qui allait nous exposer à des rayonnements ultraviolets dangereux et provoquer un boom des cancers de la peau... C'est dans ce contexte de prise de conscience de la fragilité et de la minceur de l'atmosphère qu'est né Cloverleaf. Des militaires américains ont eu l'idée, pour protéger les populations, de disperser des paillettes d'aluminium dans les airs. En réfléchissant la lumière solaire, ces paillettes l'atténuent. L'idée était de créer un filtre de protection.

Bien sûr, un tel programme ne pouvait être réalisé à l'aide d'appareils de combat. Ne serait-ce que pour les autorisations de survol, ç'aurait été impossible à organiser à l'échelle globale. Sans compter qu'en voyant au-dessus de leurs têtes des Mirages en train d'épandre ces trucs, les gens auraient paniqué. L'US Air Force a donc demandé à l'aviation civile de se charger du boulot. Ils ont installé sur les Boeing et les Airbus de tourisme standard des containers de cent cinquante litres, et exigé des compagnies aériennes qu'elles réalisent ces épandages. De toute façon, ils ne leur ont guère laissé le choix : c'était à prendre ou à laisser, en cas de refus les compagnies auraient vu leurs licences supprimées. Très peu de pilotes le savent, en fait il n'y a que l'échelon supérieur de la hiérarchie qui a été mis au parfum. Ainsi, ils ont répandu d'énormes quantités d'aluminium dans l'atmosphère. Certains de mes amis truthers ont réalisé des tests, très simples : ils ont posé des draps blancs sous les *chem trails* et hop, comme au carnaval, quelques heures plus tard il n'y avait plus qu'à se pencher pour ramasser des poignées de confettis.

À ce stade, l'US Air Force s'est rendu compte que ce programme pouvait être articulé avec l'utilisation de l'arme HAARP : en effet, disséminer dans les airs des paillettes de fer, ça permet d'orienter et de rediriger les décharges électriques à peu près n'importe où dans le monde.

Voilà qui répond à ta question.

Mais ce n'est pas tout, car l'armée n'en est pas restée là. Je suis en relation avec pas mal de gens qui vivent à la campagne, en France, et qui ont réalisé des vidéos alarmantes depuis leur jardin : sur certaines d'entre elles, tu vois des petits avions de tourisme bimoteurs parcourir régulièrement le ciel en laissant des quadrillages impeccables derrière eux, couvrant une zone entière. Et là, ce n'est plus de l'aluminium qu'ils lâchent, malheureusement.

Ce serait quoi ?

Deux hypothèses circulent, mais je n'ai pu en vérifier aucune. Certains disent qu'il s'agit de tranquillisants, d'un genre de Lexomil – depuis la crise de 2008, voyant l'essor du mouvement des Indignés puis d'Occupy, les pouvoirs publics ont paniqué, ils ont voulu utiliser des psychotropes comme glu sociale, pour éviter la révolution. Va savoir, ce n'est pas impossible. Mais je n'y crois pas trop.

Cependant, la seconde hypothèse est plus noire encore : d'après quelques enquêteurs en qui j'ai confiance, ce serait des produits stérilisants qu'on déverse ainsi sur la population. Tu es au courant, n'est-ce pas, de la mystérieuse baisse de fertilité des hommes au cours des deux dernières décennies : certaines études parlent d'une chute de trente pour cent en Europe, ce qui n'est pas rien. Pour savoir d'où vient la menace, il suffit de regarder le ciel par une belle après-midi d'été. La vérité, c'est qu'il existe un programme mondial pour réduire la population, mais tu n'es pas encore prêt à entendre ça. Je t'en parlerai une prochaine fois. Allez, c'est assez pour ce soir. Je te laisse. Dors bien, hein, et surtout, pas de cauchemars !

C'est sur ces mots que s'est achevée ma première conversation à distance avec Philippe. Aussi étonnant que cela puisse paraître, il m'a vraiment livré l'ensemble de cet exposé robuste en une heure – et sans avoir besoin de relances. Le métier de journaliste m'a habitué à interviewer toutes sortes de gens : certains sont taiseux et donnent pas mal de fil à retordre à l'intervieweur, car à la moindre parole déplacée, ils se referment et ne livrent plus rien ; d'autres, souvent les célébrités rodées au jeu médiatique, parlent sans discontinuer, il faut donc parfois leur couper la parole si l'on ne veut pas que l'entretien se transforme en un cours magistral. Philippe appartenait au second groupe. En fait, c'était comme une marmite bouillante dont je venais d'entrouvrir le couvercle ; et nous n'en étions encore qu'au début.

Après avoir refermé ma fenêtre Skype, j'ai utilisé un moteur de recherche afin de procéder à une évaluation rapide des sources que Philippe avait citées.

La déclaration du ministre Kazuyuki Hamada existait – mais comme la vidéo était en japonais, je n'étais pas en mesure d'établir l'exactitude des sous-titrages, il pouvait s'agir d'un montage. Quant à la séquence du présentateur météo californien, de même, ce n'était peut-être qu'une mise en scène – l'émission ne me semblait pas avoir la qualité technique requise pour être diffusée sur une chaîne de télévision américaine. Ce qui a, cependant, stimulé ma curiosité, c'est le rapport de Maj Britt Theorin sur HAARP.

Non seulement ce rapport était en ligne sur le site du Parlement européen, mais tous les passages que Philippe m'avait répétés s'y trouvaient. Cette authenticité incontestable de la source m'a passablement impressionné. C'est pourquoi j'ai essayé de creuser ce point et d'en apprendre davantage sur Maj Britt Theorin. Née en 1932 en Suède, elle a poursuivi une très longue carrière parlementaire, comme élue du parti social-démocrate de 1971 à 1995, puis comme eurodéputée de 1995 à 2004. Mis à part sa sortie sur HAARP, elle a peu fait parler d'elle dans la presse internationale. S'il n'y a rien à lui reprocher, si elle n'est pas abonnée aux déclarations fumantes ni aux scandales, elle n'a pas non plus de grandes réalisations à son actif. En somme, elle semble en tout point conforme à l'image qu'on peut avoir d'une députée socialiste suédoise : c'est une politicienne tranquille, féministe et un tantinet idéaliste, car ayant toujours vécu dans un pays protégé, où son humanisme n'a pas été mis à rude épreuve.

Mais quelle mouche l'a donc piquée ? C'est en cherchant de ce côté-là que je suis tombé sur des éléments intéressants : dans son rapport, Maj Britt Theorin répétait les thèses d'un certain Nick Begich, auteur avec Jeane Manning (aucun lien de parenté avec Bradley) d'un ouvrage intitulé *Les anges ne jouent pas de cette HAARP*, publié à compte d'auteur. Depuis des années, Nick Begich, qui se présente comme le directeur du Lay Institute of Technology, en réalité une association isolée qu'il a fondée lui-même, multiplie les déclarations alarmistes contre la station de Gakona. Il a été invité, à plusieurs reprises, dans des shows télévisés, où ses diatribes ont fasciné. En dehors de ce cheval de bataille, Begich est un spécialiste autoproclamé des médecines douces et tient un site Internet, sur lequel il vend des appareils électriques pour accroître vos capacités mentales, des compléments alimentaires à base de plantes, notamment une gamme complète de « nutriments nanotroniques », ainsi qu'un casque ressemblant à une grosse paire d'écouteurs, censé vous aider à combattre le stress par une technologie dite de « biofeedback ».

Pour moi, un mythe était en train de s'effondrer : non pas celui de l'infaillibilité des rapporteurs de Bruxelles, qui sont humains, mais de l'étanchéité entre les sources officieuses et officielles. Vous et moi, nous avons spontanément tendance à nous reposer sur une vision optimiste, mais assez paresseuse, des choses : il y a, bien sûr, des personnes qui colportent des opinions sans fondement et des rumeurs insolites, mais nous considérons que ces élucubrations n'ont pas droit de cité dans les publications sérieuses. Il y aurait d'un côté les illuminés, de l'autre les gens qui savent de quoi ils parlent. C'est oublier à quel point les auteurs même les plus honnêtes intellectuellement sont tributaires de leurs sources. Le cas de Maj Britt Theorin était édifiant, à cet égard : elle n'avait pas cru mal faire, en prenant pour argent comptant des allégations farfelues. Elle avait simplement manqué d'un peu d'esprit critique. Cependant, elle avait adoubé institutionnellement les discours de Nick Begich, et leur avait conféré une aura incroyable, en les reproduisant dans un document du Parlement européen.

Si les truthers étaient vraiment, comme le prétendait Philippe, plusieurs centaines de millions, et qu'ils travaillaient tous d'arrache-pied, il serait de plus en plus fréquent que leurs déclarations soient reprises et répétées dans des contextes officiels. C'était inévitable, en fait. Je plaignais les historiens du futur, qui devraient tâcher de démêler pareils écheveaux.

Durant deux années de ma vie, alors que je travaillais à un livre plutôt documenté sur Paris, je me suis confronté à la difficulté de savoir si un événement historique a bel et bien eu lieu. Quand on commence à examiner les connaissances du passé avec un souci d'exactitude poussé, on s'aperçoit qu'il est très difficile d'avérer un fait, et cela vaut pour les détails comme pour les grandes choses. De toutes parts, l'évidence s'enfonce sous nos pieds comme du sable mouvant. Par exemple, il existe dans les catacombes parisiennes un curieux monument, un tombeau acrotère de Philibert Aspairt, portier du val de Grâce qui, descendu en 1793 dans le labyrinthe des galeries pour voler des bouteilles dans les caves du couvent des Chartreux, se serait perdu et aurait erré sous terre jusqu'à la mort. Son corps aurait été retrouvé onze ans plus tard. Seulement voilà : Philibert Aspairt a-t-il existé, ou bien ce personnage est-il une invention de Héricart de Tury, le très imaginatif inspecteur général des carrières qui a fait ériger la stèle ?

Bien malin celui qui tranchera ce débat. Autre exemple : quelle est l'origine du mot Louvre ? Selon certains, il vient de l'ancien français *lauer* ou *lower*, qui signifie « tour de guet », tandis que pour d'autres son étymologie renvoie au latin *lupara*, qui signifierait qu'il y aurait eu des loups ou encore un chenil, en des temps reculés, en lieu et place du Palais-Royal. Mais qu'en est-il ? Dernière colle, sur un sujet plus central : la plupart des manuels d'histoire affirment qu'avant l'implantation de la ville romaine il y a deux mille ans, la tribu gauloise des *Parisii* vivait sur les berges de la Seine, au niveau de l'actuelle île de la Cité, ou même sur celle-ci. Mais d'autres traces archéologiques laissent penser qu'ils habitaient à une dizaine de kilomètres au nord-ouest, vers Nanterre. Les deux récits coexistent dans la littérature scientifique sur Paris. Pratiquement, si l'on n'a pas la possibilité de comparer soi-même l'état des diverses fouilles archéologiques, comment s'y repérer ?

Confrontés en permanence à ce type de difficultés, les historiens ont fréquemment recours à une méthode de vérification très simple, connue sous le nom de « preuve de Mabillon ». Son principe est élémentaire : si deux sources indépendantes l'une de l'autre donnent la même version d'un fait, on considérera que ce dernier est vrai. Lisez *Orages d'acier*, le récit que l'écrivain allemand Ernst Jünger a livré de la Première Guerre mondiale en 1920. Et comparez ce qu'il dit du bruit des détonations, des gerbes de feu, des explosions du shrapnel sur fond d'obscurité au poème « Merveille de la guerre » du Français Apollinaire, écrit en 1918 (« Que c'est beau ces fusées qui illuminent la nuit… »). Quand il écrivait, Jünger ignorait ce poème. Pourtant, les évocations des deux auteurs, très sensorielles, concordent. C'est donc que la Première Guerre mondiale a eu lieu, et que les nuits des soldats étaient effectivement embrasées par les tirs d'obus. Mais citons un cas plus sensible : confrontez la description que fait Primo Levi de son arrivée à Auschwitz, dans *Si c'est un homme*, et celle d'Imre Kertész, dans *Être sans destin*. Le premier livre fut publié en 1947 et le second en 1975 ; cependant Kertész, qui vivait très modestement dans la Hongrie soviétique, n'avait pas pu prendre connaissance du témoignage de Levi, que les autorités communistes ne diffusaient pas. Or, Levi et Kertész disent la même chose du déroulement de la sélection à l'entrée du camp, des douches, du rasage des cheveux, de la distribution des uniformes ou de la découverte des baraquements. Tous deux racontent qu'il fallait se placer à la fin de la queue pour la soupe, car les morceaux les plus nourrissants tombaient au fond de la marmite. C'est donc qu'Auschwitz a existé et que le camp ressemblait à ce que ces deux survivants en ont raconté.

Seulement voilà, nous sommes à l'aube d'une ère nouvelle : aujourd'hui, l'humanité est interconnectée. S'ensuit une conséquence terrible : les historiens du futur ne pourront plus invoquer la preuve de Mabillon, quand ils seront confrontés à un doute. Depuis que le World Wide Web est vraiment utilisé par tous, il n'existe plus de sources dont on puisse garantir qu'elles sont absolument indépendantes les unes des autres. N'y a-t-il pas de quoi avoir la chair de poule ?

De plus, ce qui précède ne concerne que la difficulté de prouver qu'un fait *a eu lieu*. C'est parfois assez rude, mais pas insurmontable. Il est autrement plus difficile de prouver qu'un fait *n'a pas eu lieu*. Pas besoin d'être un expert en épistémologie, soit en théorie de la connaissance, pour saisir que c'est même pratiquement impossible. Allez prouver qu'aucun avion de ligne n'a jamais déversé des paillettes d'aluminium dans l'atmosphère ou des produits psychotropes sur les populations civiles ! Par où commencerez-vous ? Il faudrait que vous ayez entre les mains toutes les données concernant tous les vols de l'aviation civile dans tous les pays du monde depuis cinquante ans. Non seulement il s'agit d'une tâche infinie, mais ces données n'existent pas.

Un ami, avec qui j'évoquais ces diverses questions, m'a formulé une objection blasée : selon lui, les théories du complot n'ont rien de nouveau ; des rumeurs se propageaient déjà au Moyen Âge ; et l'antisémitisme fait fonds depuis toujours sur l'idée que les Juifs conspirent pour s'accaparer le monde. Le Web ne jouerait donc ici que le rôle d'un mégaphone et n'aurait pas fondamentalement changé la donne. En somme, pas de quoi s'inquiéter…

Je ne suis pas d'accord. Il me semble au contraire qu'il existe un lien profond, essentiel et très difficile à trancher entre l'essor des théories du complot et le Web. Prenez, en effet, les deux faux les plus célèbres de l'Histoire, la *Donation de Constantin* et *Les Protocoles des Sages de Sion*. Le premier est une imitation d'acte juridique, fabriquée par le Vatican, pour démontrer que l'empereur Constantin Ier avait cédé par testament la partie occidentale de l'empire à la papauté. Le second se présente comme le compte rendu d'une série de conversations que des Juifs et des francs-maçons auraient tenues secrètement, détaillant leurs projets pour conquérir la planète. Ces documents, nous sommes capables de prouver qu'il s'agit de faux. En s'appuyant sur une lecture minutieuse du texte de la *Donation*, l'humaniste de la Renaissance Lorenzo Valla a démontré que celle-ci ne pouvait, au vu de l'évolution de la langue latine, n'avoir été écrite qu'au VIIIe siècle après Jésus-Christ, soit plus de quatre cents ans après la mort de Constantin. Pour *Les Protocoles des sages de Sion*, nous connaissons l'auteur de ce document, un certain Mathieu Golovinsky, informateur de la police secrète du tsar à Paris, et la date de sa rédaction. Non seulement l'origine de ces faux est située, mais ils ont servi des intérêts politiques évidents ; la *Donation* était invoquée par la papauté pour justifier son pouvoir temporel ; *Les*

Protocoles des Sages de Sion a été cité par Adolf Hitler dans *Mein Kampf* et par le Hamas dans sa charte, il sert donc de référence incontournable dans la propagande antisémite. Autrement dit : traditionnellement, le faux en Histoire a des auteurs précis et sert des partis ou des factions politiques reconnus. Si jamais vous rencontrez quelqu'un, dans un café, qui croit à l'authenticité des *Protocoles*, vous devriez assez vite le convaincre, à moins que vous n'ayez affaire à un fou, qu'il se trompe, car la genèse et l'usage du texte plaident en sa défaveur. D'ailleurs, le tsar Alexandre III, pour qui ce brûlot avait été initialement rédigé, s'est opposé à sa publication, car il en trouvait le contenu grossier et caricatural.

Avec le réseau, une dynamique nouvelle est apparue. D'abord, les truthers ne sont pas, pour la plupart, des faussaires délibérés : de bonne foi, ils participent ensemble à l'élaboration d'une version de l'Histoire qui s'écarte de celle que donnent les grands médias et qu'on enseigne dans les universités. Chacun mène un segment de recherche, collecte des indices et des faits troublants, apporte sa pierre à l'édifice. Ils s'encouragent mutuellement. Il s'agit donc de la construction collective et dialogique d'un récit alternatif. Ensuite, les théories du complot diffusées sur le Web sont très peu reprises par les partis et les États, sinon jamais : il ne s'agit pas de propagande au sens classique, mais d'un phénomène beaucoup plus spontané et diffus. Le rôle que joue le *demos*, le peuple, dans la divulgation de ces théories est absolument capital. Prenons une théorie du complot assez répandue en Afrique, et qui voudrait que le sida n'existe pas, que le syndrome d'immunodéficience soit le résultat des campagnes de vaccination manigancées par les industries pharmaceutiques occidentales. Quel parti, quel groupe social gagne à cette rumeur, qui provoque objectivement des ravages, puisqu'elle expose ceux qui la croient à la maladie ? Ce n'est pas clair.

Ainsi, si vous vous retrouvez lors d'un dîner face à un interlocuteur entêté – et méfiez-vous, cela pourrait bien être votre fils adolescent ! –, qui vous déclare avec aplomb que le 11 Septembre a été planifié par la CIA ou que les Américains ne sont jamais allés sur la Lune, vous serez démuni. Il n'y a pas de contrefaçon à pointer du doigt. Les bénéficiaires de cette version alternative des faits n'ont pas d'identité définie, et ne sont ni des partis politiques ni des lobbys économiques.

Et vous-même, qui êtes-vous pour contester la parole des truthers ? Êtes-vous simplement un benêt qui gobe ce que raconte le journal télévisé (ce qui est effectivement, soit dit en passant, naïf), ou bien appartenez-vous à cette élite composée de journalistes et de dirigeants consanguins, en tout cas de privilégiés, qui s'acharne à maintenir le peuple la tête sous l'eau ?

4

Les taxis jouent rarement les guides touristiques. Pourtant, celui qui nous a chargés à la sortie de la petite gare de Diss a fait exception. Tandis que nous passions devant une station-service moderne, laide et jaune, plantée en périphérie de la bourgade, il nous a montré le parking :

Vous voyez ? C'est là qu'était installé le gibet, autrefois. En 1742, il y a eu une célèbre exécution par ici. Les gens sont venus de tout le pays pour assister à ça.

Qui était le condamné ?

Un tailleur, un certain Robert Carlton. Il était accusé de sodomie. Et aussi d'avoir empoisonné la fiancée de son amant, la jeune Mary Frost. Non, je vous assure, c'est une très sale affaire…

Le taximan a secoué la tête. Le visage grêlé, les avant-bras tatoués de roses rouges, il amputait chaque mot qu'il prononçait d'une ou deux syllabes. C'était un dur, pas du genre à faire un effort de prononciation pour des étrangers. Après avoir rapporté cette anecdote, il est tombé dans un profond mutisme dont il ne devait sortir qu'au moment de nous encaisser.

Bien sûr, il avait tout de suite compris à qui nous allions rendre visite, au manoir d'Ellingham Hall. Le photographe, l'interprète et moi, nous ne formions pas un trio très discret. Mais en nous racontant cette page d'histoire, il venait de nous signifier comment il réglerait, si ça ne tenait qu'à lui, le cas de Julian Assange.

Je me suis absorbé dans la contemplation du paysage. Le ciel était gris, la glèbe avait une jolie couleur mordorée. Les rares habitations paraissaient des maisons de poupée. Je songeais que je connaissais mal la campagne anglaise, je n'y avais jamais voyagé et ne m'en étais formé une idée qu'à travers les romans de Thomas Hardy ou de Martin Amis. Chez Amis particulièrement, lorsque les protagonistes quittent Londres et qu'ils se rendent dans leur maison de famille, où un patriarche boit du whisky à longueur de journée et tyrannise son entourage, on sent qu'il se joue quelque chose de spécial, que ces riches cottages sont des pépinières de névroses. Pareil chez Hardy, qui fait fleurir les vocations meurtrières les plus enflammées dans les patelins les plus péquenots. Pour autant que je puisse en juger, les provinces anglaise et française ne se ressemblent guère : en France, la campagne avec son bocage, ses vaches dispersées qui paissent, ses haies, ses bosquets, son petit ciel pommelé, vous apaise et vous donne l'impression d'être accueilli dans un jardin ; mais en Angleterre, elle recèle, dirait-on, des secrets vénéneux.

La route longeait des élevages de porcs, s'étendant sur des kilomètres. Dans leurs enclos boueux, ces bestiaux gras et gros déplaçaient lentement leurs soies maculées. Des tôles semi-circulaires, çà et là, leur faisaient office de refuges. Tout de même, c'était étrange de s'enfoncer aussi profondément dans le monde rural pour rendre visite à un homme dont le nom était associé à ce qui s'était inventé de plus avant-gardiste dans l'usage politique de la technologie, au *data journalism*, aux techniques de cryptographie et de propagation virale de l'information. Je ne pouvais m'empêcher de repenser à un passage que j'aime bien, dans le vieux blog déjanté de Julian, *Interesting Questions* :

« À l'époque où le monde perçu se résumait à une vallée et à quelques collines environnantes, où tout le reste n'était que légendes, sauver le monde apparaissait comme une activité naturelle et à la portée de toute personne au caractère indépendant. »

L'écrivain polonais Witold Gombrowicz, dans son *Journal*, développe un argument assez comparable : placez-vous, dit-il, dans la peau d'un Grec de l'Antiquité, d'un contemporain de Platon. D'après ce que vous en savez, l'humanité ne compte pas plus de quelques centaines de milliers d'individus. C'est pourquoi, dans la Grèce antique, chaque citoyen libre s'estime responsable du destin commun : l'espèce est encore si peu étendue, qu'une mauvaise décision menacerait de la réduire drastiquement ; inversement, une innovation pertinente, que ce soit dans le domaine de la menuiserie ou des mathématiques, aura des retombées universelles. La vie, à cette échelle, a vraiment un sens, chacun peut se croire investi d'une mission. Mais lorsque vous avez, comme aujourd'hui, plus de sept milliards d'humains sur Terre, ne vous sentez-vous pas comme une goutte d'eau diluée dans l'océan ? Tout bien pesé, conclut Gombrowicz, plus on est nombreux, et moins cela a d'importance de réaliser quelque chose, ou même de marcher droit, car nos conduites ne prêtent plus à conséquence.

Dans son blog, Assange abonde dans le même sens : « Les gens essaient de se tromper eux-mêmes et de tromper les autres, en croyant qu'il est possible de "penser globalement et d'agir localement" alors que n'importe quelle personne qui possède un minimum de sens des proportions (ce qui n'est pas donné à tout le monde, soit dit en passant) et qui pense réellement globalement s'aperçoit aussitôt que toute action locale est marginale. »

Le combat de Julian était résumé par ces quelques lignes. Lui avait passionnément recherché, depuis l'enfance, un moyen de sauver le monde, ou tout au moins de l'améliorer, qui soit efficace à l'échelon global. Ce dont il s'était arraché, précisément, c'était aux vallées du Néolithique, aux terroirs et aux horizons modestes – et il avait réussi cet exploit grâce à Internet qui est devenu, selon un mot heureux qu'il répète souvent mais qu'on doit à Hillary Clinton, le « système nerveux de nos sociétés ».

J'en étais là de mes réflexions lorsque, au bout d'un étroit chemin goudronné dominé par une voûte de verdure composant comme une nef d'église – j'adore ce genre d'architecture végétale –, nous sommes arrivés devant une élégante demeure.

Ellingham Hall.

La gouvernante de Vaughan Smith est apparue sur le perron : on aurait dit un sosie de Virginia Woolf, en plus âgée et plus maigre. Elle était vêtue d'un costume de domestique comme on en voit dans les films, avec une robe noire, un tablier et une coiffe blanche dans les cheveux. Mais c'est vraiment la petitesse de son gabarit qui m'a surpris : si, comme c'était probable, les villages environnants s'étaient transformés depuis l'arrivée de Julian en nids d'espions, s'il y avait des caméras et des micros cachés un peu partout dans les buissons alentour, si la CIA, le Mossad et le FSB redoublaient d'efforts pour deviner ce qui se tramait à l'intérieur de ce manoir, je me demandais bien comment un bout de femme aussi frêle, qui visiblement ne s'alimentait guère que de thé au lait à peine sucré, résistait à la pression.

Mais elle s'adressa à nous avec une morgue distanciée tout insulaire.

Elle nous demanda de décliner nos noms, puis nous invita à pénétrer dans une sorte d'office, où elle nous débarrassa de nos vêtements. Là, Julian fit son apparition.

C'était un grand échalas, vêtu d'un pull en cachemire gris souris, portant une écharpe multicolore dénouée autour du cou ; il savait, à cette époque, que sa simple apparition créait un effet intense sur ses visiteurs, car il était autant un homme en chair et en os que l'incarnation d'une cause planétaire ; aussi, il avait décidé de sous-jouer la partie, de se montrer sympathique, direct, de ne pas faire de simagrées, pour désamorcer l'espèce de crainte qu'il inspirait.

Il y eut un instant de tension lorsqu'il exigea d'examiner la totalité des appareils que nous trimballions avec nous ; mais quand il constata que j'avais un Blackberry antédiluvien, un vieil enregistreur, et pas même de tablette ni d'ordinateur avec moi, il me sourit d'un air de commisération presque atterré. De me voir si mal équipé, cela faisait retomber sa méfiance – pour la peine, il regrettait presque de m'avoir accordé l'interview.

Le comportement de l'interprète est devenu gaguesque : dès que nous nous sommes retrouvés au salon en compagnie de Julian et de la petite troupe de Wikileaks, elle s'est mise à respirer comme une locomotive et surtout à partir aux toilettes toutes les cinq minutes. Sa vessie la mettait au supplice. D'habitude, je n'ai pas de problème pour mener mes interviews en anglais, mais comme j'avais affaire à deux Australiens et que je craignais de ne pas saisir leur accent, surtout si la retransmission du son était de mauvaise qualité, j'avais exceptionnellement engagé cette interprète. Malheureusement, l'émotivité l'a mise hors service.

Julian a livré quelques indications au photographe qui m'ont paru sensées, en dénotant néanmoins un niveau de vigilance élevé : il exigeait qu'aucun matériel électronique appartenant à Wikileaks n'apparaisse sur les images – de fait, il y avait dans la pièce divers boîtiers noirs que j'étais incapable d'identifier, n'ayant jamais rien vu de pareil (des unités centrales ? des routeurs ?). De même, il fallait que les étagères où siégeait la fière collection de whiskys de Vaughan Smith restent hors champ, pour qu'on ne taille pas à Julian une réputation de pochetron.

Le salon du manoir donnait sur la pelouse d'un parc où des perdrix domestiques obèses dodelinaient et picoraient. Il avait une moquette épaisse, de lourds rideaux rouges, un mobilier de bois ciré, et ce confort de notable rangé tranchait là encore avec la jeunesse et la mobilité de Julian. Quand il a entrepris d'établir la connexion Skype avec les États-Unis, je me suis aperçu, en voyant par-dessus son épaule une fenêtre surgir sur l'écran de son *laptop*, qu'il y avait plus de réseaux wi-fi à Ellingham Hall que dans l'Empire State Building. Après tout, ce n'était pas illogique : des dizaines de hackers à la solde du département d'État américain devaient en permanence chercher à le priver de rapport avec le monde extérieur, pour le rendre inoffensif, et il jouait au chat et à la souris avec eux. Il a effectué des manœuvres inhabituellement complexes pour accéder à Skype. Cependant, une fois la ligne établie, elle n'a pas sauté ni même eu le moindre *bug* pendant les deux heures qu'a duré la conversation avec Peter Singer.

Julian a d'abord évoqué sa jeunesse : il avait, disait-il, participé avec quelques amis au développement du réseau Internet en Australie. À cette époque, la communauté informatique était soudée et mue par un esprit d'utopie. Ces premiers hackers – mot formé sur le verbe anglais *to hack*, bidouiller – avaient adopté une poignée de principes directeurs non négociables : ils souhaitaient que toutes les informations soient proposées sur le réseau gratuitement ; que celui-ci ne soit soumis à aucun code de censure ; qu'il soit transnational. Ils développaient des logiciels libres afin que leurs outils circulent sans *copyright*. Ils espéraient que le réseau deviendrait un lieu d'échange des savoirs ouvert à tous, résolument démocratique.

Un roman-reportage culte, signé par la journaliste australienne Suelette Dreyfus, offre une description assez complète du contexte dans lequel Julian a grandi – car, comme tous les hommes d'action, il n'est pas une plante isolée, un humus fertile a favorisé sa croissance. *Underground* fut publié en 1997, après trois ans d'enquête pendant lesquels l'infatigable Suelette, proche de Julian, a bénéficié des contacts de ce dernier pour pénétrer à l'intérieur du monde fermé des hackers. Au final, son livre présente une génération d'adolescents rebelles très attachants.

La majeure partie de l'action est située dans la banlieue de Melbourne, dans les années 1989-1990 ; le Web de Tim Berners-Lee n'existait encore qu'à l'état de version test, mais il y avait le réseau téléphonique, auquel on accédait par des modems et sur lequel étaient branchés les intranets des principales entreprises et administrations. En une ou deux années, avec une vitesse d'apprentissage stupéfiante, des ados ont développé des compétences techniques d'informaticiens professionnels, et se sont mis à se balader sur ces réseaux aussi facilement qu'un *rollerman* dans les rues de sa ville. Ces premiers hackers s'affublaient de pseudonymes – ils se faisaient appeler Theorem, Pengo, Gandalf, Electron ou encore Anthrax. Leur matériel était rudimentaire : ils possédaient des Commodore 64 et des Apple II. Ils avaient leurs propres plateformes, où ils se refilaient des tuyaux sur les failles de sécurité des systèmes des grandes organisations. Leur point commun était d'avoir tous, sans exception, des parents démissionnaires – alcoolisme, divorce, dépression nerveuse, psychose, les adultes autour d'eux étaient, pour une raison ou l'autre, *cassés*. Laissés à eux-mêmes, ces enfants avaient grandi avec, comme nounou, leur *personal computer*, et comme famille, leur communauté de passionnés. Certains d'entre eux étaient des as de ce qu'on appelait alors le *phreaking* – néologisme obtenu par la contraction de *phone*, téléphone, et de *freak*, taré – : l'opération consistait à brancher son modem directement sur un commutateur téléphonique ou même, dans certains cas, sur une ligne perdue en rase campagne, afin de passer des appels sans avoir à régler la facture des télécoms. Ainsi, ces ados, même fauchés, restaient sans cesse connectés : en l'absence de contrôle parental, ils consacraient leurs nuits à la piraterie.

Julian, à dix-neuf ans, avait formé un groupe de trois hackers, les International Subversives. Son pseudonyme était Mendax, tiré d'Horace. Dans ses *Odes*, au onzième chapitre du livre III, le poète romain évoque brièvement une femme dont il qualifie la conduite de *splendide mendax*, noblement traîtresse. L'expression, dans l'Antiquité, fit florès. Que Julian ait choisi ce pseudo alors qu'il était encore au lycée me laisse pantois, tant ce choix est prémonitoire : qu'est-ce qu'un lanceur d'alerte, en effet, sinon un *noble traître* ? Reste à savoir comment un gosse de la banlieue de Melbourne féru d'électronique et de programmation est tombé sur une édition d'Horace en latin…

Si Julian n'avait pas son pareil pour cracker les codes de sécurité, son copain Trax était le roi des phreakers. Ce dernier avait trouvé le moyen d'utiliser une ligne téléphonique sans qu'aucun technicien ne soit en mesure d'identifier la provenance de son appel, car il émettait une sorte de bruit de fond qui parasitait les tentatives de localisation. Comme un fantôme, Trax hantait le réseau des télécommunications sans interférer avec le monde matériel. Alliant des compétences peu communes, les International Subversives n'ont pas tardé à réaliser des merveilles et à devenir des références incontournables au sein de la communauté mondiale des hackers : ils ont réussi à faire mieux que l'Américain Par, qui était entré dans le système de la banque CitiSaudi, mieux que leurs compatriotes Electron et Phoenix, qui s'étaient faufilés dans les ordinateurs de la NASA, mieux que le Britannique Wandii, pour qui la Lloyds Bank, le *Financial Times*, l'université de Leeds et l'Organisation européenne pour la recherche et le traitement du cancer n'avaient plus de secret. Les International Subversives ont visité les disques durs du gotha du complexe militaro-industriel américain, et leur palmarès dressé par Suelette Dreyfus donne le tournis : ils ont hacké le quartier général du 7e bataillon de l'US Force, l'Institut de recherche du Pentagone à Stanford en Californie, le centre de techniques militaires navales de surface en Virginie, l'usine de systèmes aériens de Lockheed Martin au Texas, Unisys Corporation à Blue Bell en Pennsylvanie, le Centre de vols spatiaux Goddard de la NASA, Motorola Inc. dans l'Illinois, TRW Inc. à Redondo Beach en Californie, Alcoa à Pittsburg, Panasonic dans le New Jersey, la station d'ingénierie militaire sous-marine de la marine américaine, Siemens-Nixdorf Information Systems dans le Massachusetts, Securities Industry Automation Corp. à New York, le laboratoire national Lawrence Livermore en Californie, le centre de recherche de Bell dans le New Jersey, celui de Xerox, à Palo Alto en Californie.

Ce triumvirat était tellement virtuose qu'aucun pare-feu, aucun chiffrage ne lui résistait ; le réseau mondial était devenu leur terrain de jeu, sur lequel ils ne rencontraient plus d'obstacle ; on résumerait assez bien la situation en affirmant qu'ils avaient accès à tous les appareils connectés de la planète. S'ils prenaient pour cible principalement des compagnies d'ingénierie militaire américaines, c'est parce qu'il s'agissait des systèmes les mieux gardés au monde. Un hacker prouve sa valeur en relevant des défis toujours plus mirobolants. Bien sûr, ils ont fini par se faire coincer ; cependant, comme ils avaient respecté à la lettre le premier principe du code éthique des hackers – *Quand tu t'invites dans un système, ne modifie rien, ne touche à rien, la seule altération que tu aies le droit de produire est d'effacer les traces de ton propre passage* –, ils n'ont été condamnés qu'à des amendes dérisoires, celle de Mendax s'élevant à un dollar australien. Comme l'a observé avec pas mal de sagacité le juge, ces jeunes gens ne s'étaient pas servis de leurs compétences pour obtenir des numéros de carte bleue et passer des achats – ce qui leur aurait été facile –, ni même pour modifier les factures d'électricité et de gaz de leurs foyers – rien de plus simple –, mais « il semble qu'ils aient été inspirés par une sorte de curiosité intellectuelle ».

Quand j'ai lu *Underground* et découvert la scène techno alternative de la banlieue de Melbourne, j'avoue que j'ai été secoué. Moi-même, où avais-je la tête à cette époque ? J'avais quinze ans en 1990 et ne possédais pas d'ordinateur ni même n'éprouvais le désir d'en acquérir un. Je passais mes journées à lire André Breton et Arthur Rimbaud ; je n'écoutais pas de rock ni de pop et encore moins d'*acid* ou de *house music*, considérant que la culture de masse était abêtissante et que les airs à la mode ne valaient pas mieux que des râles d'esclaves ; en dehors de la littérature, ma grande passion était le roller. En réalité, je ne me doutais pas des possibilités ouvertes par l'informatique. J'étais encore dans l'enfance de la modernité ; je ne supposais même pas qu'on pouvait, grâce à un ordinateur, accéder à tous les secrets du monde, ni même qu'il y avait des secrets à découvrir. La seule chose qui me plaisait, c'était la beauté poétique et l'intensité d'un sport de glisse ; le reste me paraissait superflu.

C'est très tard, en 1998, que j'ai installé chez moi une première connexion Internet. J'avais vingt-trois ans. Ce jour-là, je me rappelle très précisément que j'ai fait trois choses. *Primo*, je me suis créé une boîte mail et j'ai envoyé un message à mon ami d'enfance Hugo, qui effectuait alors sa coopération au Sultanat d'Oman. Il m'a répondu assez rapidement, depuis son bureau à l'ambassade de Mascate, que ses amis qui avaient Internet y consacraient désormais trop de temps et que je devais me défier de ce travers. Pas vraiment un *geek*, Hugo. *Secundo*, je me suis connecté à Gallica, le site de la Bibliothèque nationale de France. J'ai essayé de lire quelques vieux poèmes de Petrus Borel, ce romantique suisse un peu mineur qui était si poilu qu'on l'appelait, dans les cercles littéraires, le lycanthrope, l'homme-loup. Mais le site de Gallica a planté et je n'ai pu consulter ses œuvres – quinze ans plus tard, je ne suis toujours pas parvenu à lire un seul ouvrage sur le site de la BNF. Il paraît que c'est possible. *Tertio*, je suis allé sur un site porno : celui-ci se présentait sous forme d'arborescence de dossiers et l'on pouvait, en cliquant sur des noms de fichiers avec une extension *.jpeg*, visualiser lentement, mais alors très lentement, des photographies de femmes nues avec les jambes écartées, plus rarement d'actes sexuels. De façon cocasse, ces photographies apparaissaient ligne à ligne en partant du haut, exactement comme, au soir des élections, le visage du président de la République. En plus prometteur.

Dans l'ensemble, j'avais trouvé tout cela lambin et assez inutile. Mon ami Hugo avait raison, c'était du temps gâché. Je crois que j'ai bien attendu cinq ou six jours avant de me connecter de nouveau à ce fameux réseau dont les journaux disaient le plus grand bien, mais qui ne valait pas tripette.

Comment expliquer ce décalage de mentalités ? Dès 1989, Mendax et ses amis rêvaient de créer une grande bibliothèque mondiale gratuite rassemblant tous les livres et les informations du monde ; ils en avaient entrevu la possibilité et c'était l'idéal qui guidait leur existence – quant à moi, alors que je n'étais pas seulement un doux rêveur, que j'avais suivi des études en économie et en sciences politiques, j'en étais encore dix ans plus tard à considérer le Web comme un joujou surestimé. Où avais-je donc la tête ?

Après que Julian a évoqué ses souvenirs de jeunesse, son échange avec Peter Singer s'est pimenté. Julian a relevé le menton pour prononcer ces mots, d'un ton de ferme insolence :

Je crois que j'ai un problème avec le conséquentialisme en général et avec l'utilitarisme en particulier.

Ça, c'était vraiment courageux. Face à un homme comme Singer, dégainer une phrase comme celle-là revenait à peu près à lui pisser sur les souliers.

Mais ce point mérite un peu d'explication : l'utilitarisme est une doctrine de philosophie politique et morale qui prétend fixer des règles afin d'optimiser l'*utilité*, c'est-à-dire le bien-être des individus. Cette tradition remonte à Stuart Mill et à Jeremy Bentham ; or, Peter Singer est sans conteste, de nos jours, et depuis le décès de John Rawls, le plus célèbre utilitariste du monde. Il a modifié de l'intérieur la théorie utilitariste en expliquant qu'il était insuffisant de se préoccuper uniquement du bien-être des êtres humains et qu'il était d'indispensable d'étendre cette exigence aux sentients.

Par ailleurs, l'utilitarisme s'inscrit dans un courant philosophique plus vaste, très répandu et même majoritaire chez les Anglo-Américains, le conséquentialisme. Les conséquentialistes considèrent qu'on ne peut jamais se prononcer sur la valeur morale d'une action en se fondant sur les intentions de celui qui la commet, et qu'il faut donc s'intéresser uniquement aux conséquences de cette action. Ils entendent ainsi éliminer l'espèce de flou que la psychologie risque d'introduire en philosophie morale. Comment, en effet, juger les gens d'après leurs intentions ? Imaginez que vous rencontriez un malade qui se plaint de souffrances atroces, et que vous l'étouffiez avec un coussin. Votre intention était de le soulager. Avez-vous eu raison ? Imaginez que vous prôniez dans vos discours la charité chrétienne, que vous priiez avec beaucoup d'assiduité à l'église, mais que vous ne donniez jamais le moindre argent aux clochards ni aux associations caritatives. Vous êtes fervent dans votre engagement chrétien, simplement il ne se traduit jamais par aucun geste concret. Est-ce qu'on vous admirera pour votre charité *de cœur* ? Aux yeux des conséquentialistes, celle-ci ne mérite même pas d'être prise en considération.

L'unique défaut du conséquentialisme, comme de l'utilitarisme d'ailleurs, c'est de laisser de côté la *vie intérieure* de l'être humain, réduisant ce dernier à une sorte d'agent rationnel capable d'opérer toujours le meilleur choix. Ce sont des philosophies précises, nettes, rigoureuses – mais *pauvres*, car elles n'ont pas le sens de la complexité ni des vertiges existentiels.

Cependant, attaquer le débat bille en tête comme venait de le faire Julian n'est vraiment pas conseillé, surtout lorsqu'on a en face de soi un professeur de Princeton. Rappelons que Julian a été inscrit dans plusieurs universités, mais n'a jamais passé un seul diplôme… Personnellement, j'ai animé plus d'une centaine de débats philosophiques dans ma vie et, même entre philosophes de métier érudits et expérimentés, on n'exprime jamais aussi frontalement un désaccord, d'abord parce qu'on est poli et ensuite parce que les philosophes sont pour la plupart de redoutables rhéteurs qui, même lorsqu'ils ont tort – surtout quand ils ont tort ! –, excellent à démolir et ridiculiser leur adversaire. Aussi, quand Julian a lancé cette phrase, je me suis dit qu'il allait se faire rétamer. L'inverse s'est produit.

Julian a attaqué Singer sur le terrain de la philosophie et il a remporté la partie haut la main. J'ajoute aussitôt que Julian est l'un des êtres les plus intelligents que j'aie rencontrés. Comment dire ? Quand on le regarde, *on voit qu'il réfléchit.* Et qu'il réfléchit beaucoup plus vite que les autres, comme s'il avait un super-processeur à l'intérieur du crâne. Au cours de mes rencontres, deux personnes seulement m'ont donné l'impression d'être douées d'une intelligence supérieure, au sens de : surhumaine, Peter Handke et Julian Assange. Chacun dans son style, d'ailleurs. Handke a, comme Socrate, un *daimon* – il s'exprime dans un langage obscur et imagé, transfigure sans arrêt le sens des termes du langage courant et vous emmène dans le lieu de l'impensé. C'est un poète qui touche à la métaphysique spontanément, comme les mystiques. Je n'ai jamais entendu quiconque parler comme Handke. C'est quelqu'un qui peut vous regarder et lâcher, sans que cela passe pour une pause ni que cela soit le moins du monde artificiel, une phrase du genre :

L'amour est un entre-deux entre un *pouvoir ailé* et la compassion.

Vous suivez – ou pas. Moi, j'en redemande. Mais Assange, c'est autre chose, c'est une intelligence algorithmique, de programmateur ; on sent qu'entre deux phrases, comme un joueur d'échecs, il jauge toutes les directions que son raisonnement serait susceptible d'emprunter, à vive allure, et qu'il tranche. L'abstraction ne lui fait pas peur, au contraire – c'est l'élément dans lequel il se meut.

Je me méfie du conséquentialisme, a-t-il poursuivi, parce qu'à mon sens, nous devons établir une distinction conceptuelle très ferme entre un *préjudice juridiquement avéré* et ce que j'appellerais un *préjudice théorique*. Or, l'approche conséquentialiste nous invite à spéculer, à anticiper toutes sortes de préjudices hypothétiques, qui servent à justifier des politiques de répression et de coercition. J'en vois l'exemple le plus éloquent dans le *ticking time bomb scenario*, cette fameuse expérience de pensée qui a été exploitée abondamment par l'administration de George W. Bush afin de légitimer l'usage de la torture : supposez qu'il y ait une bombe à retardement cachée quelque part, réglée pour exploser dans vingt-quatre heures, et que nous détenions un terroriste susceptible de nous révéler son emplacement ; si nous torturons le terroriste, nous éviterons que périssent des innocents. La faiblesse de cet argument, c'est qu'une telle situation ne s'est jamais présentée exactement dans ces termes. Il me semble qu'il en va de même pour la censure : les adversaires de Wikileaks nous disent que nous n'aurions pas dû publier les câbles diplomatiques américains, parce que les informateurs des États-Unis sur le terrain risquent d'être lynchés ou assassinés. C'est un argument purement rhétorique, dans la mesure où le Pentagone, en dépit de ses efforts, n'a pas pu établir qu'y ait eu une seule mort causée par nos publications, lesquelles concernent pourtant cent vingt pays. Ainsi, le conséquentialisme n'est qu'un prétexte pour réduire les libertés. Il est aisé de faire surgir le spectre d'un préjudice possible, quelle que soit l'action en cause, et de jeter ainsi le discrédit sur celui qui la commet.

Sur la censure, je ne vous suis pas, a répondu Peter Singer. À mes yeux, un critère de prudence mérite d'être observé : toute publication dont la divulgation représente une *menace claire et réelle* devrait être tenue secrète. Rappelez-vous la déclaration du juge américain Oliver W. Holmes à propos de la liberté d'expression : « On n'a pas le droit de crier au feu dans un théâtre bondé ! »

Exact… à moins qu'il n'y ait effectivement le feu, a rétorqué Julian, marquant un nouveau point.

Mais je n'ai pas saisi tout de suite pourquoi le fondateur de Wikileaks tenait tant à tailler un costard à Singer, qui venait pourtant de lui consacrer un bel article d'hommage dans le *Harper's*. À quoi bon, en plein bras de fer avec les États-Unis, se priver de l'appui d'un des intellectuels les plus influents sur le sol américain ? Il est apparu, au fil de la conversation, que Julian détestait la thèse soutenue dans *Visible Man*, selon laquelle le Web allait permettre de moraliser les comportements humains à grande échelle. En effet, s'il y avait une chose qu'il ne souhaitait pas, c'est que notre monde se mette à ressembler à *1984*, avec un Big Brother qui nous épierait constamment.

Et la transparence dans tout ça ? Julian a pris le temps de mettre les points sur les i et d'expliciter sa position sur cette question cruciale :

Au risque de vous étonner, a-t-il dit, et contrairement à ce que l'on a pu prétendre, je ne suis pas un grand fan de la transparence.

Mais alors, sur quoi misait-il ? Sur l'*information*. Voilà comment il le justifiait :

Je crois que l'Histoire montre qu'en se transmettant des informations vraies sur leur environnement, les hommes se donnent les moyens de prendre les bonnes décisions. C'est là une philosophie bien sommaire, mais je suis convaincu de sa vérité. Le seul argument valable contre un tel axiome que je suis capable d'entrevoir, c'est celui des ennemis de la civilisation : vous pouvez en effet objecter que, plus nous avons un stock d'informations important, plus nous créons des structures et des interactions complexes, donc plus nous nous éloignons de notre état naturel. Cet argument anti-civilisation est peut-être valable. Cependant, si l'on n'y souscrit pas, on arrive à la conclusion que le comportement civilisé qui produira le moins de souffrance est celui qui sera le mieux informé. En outre, quand je dis qu'une telle réflexion a pour moi une valeur axiomatique, cela signifie seulement que j'ai fait miens ces arguments et que je n'ai plus à y réfléchir constamment. C'est devenu une idée directrice.

Voici précisément les termes que Julian a employés et, sur l'écran de l'ordinateur, je surveillais la mine de Singer. Détendu, en tee-shirt, il n'en finissait pas de siroter une boisson chaude dans un mug ; il plissait de temps en temps les yeux, incrédule. Je voyais bien qu'il ne s'offusquait même pas, en fait il était tout simplement stupéfait d'entendre Assange s'engager la fleur au fusil sur certains des sentiers les plus escarpés de la philosophie politique et morale, en employant un vocabulaire de connaisseur.

Plus tard, j'ai pu rapprocher la position de Julian, qui m'a tellement estomaqué sur le moment, du second principe du code éthique des hackers, une sentence qu'ils aiment à répéter comme un mantra : *Transparence pour les puissants, protection de la vie privée pour les faibles.* C'était cela, le véritable credo du fondateur de Wikileaks, et il était déjà formulé dans les publications des International Subversives vingt ans auparavant : hors de question de soumettre tous les êtres humains à une surveillance permanente afin qu'ils adoptent un comportement plus décent ! Aux yeux de Julian, le projet de Singer était néfaste, dangereux, totalitaire. *Visible Man*, c'était une célébration des surveillances du département d'État américain, d'Apple, de Google, et nullement un plaidoyer pour Wikileaks. «*Don't be evil*», «Ne sois pas méchant», n'est-ce pas la devise officielle de Google ? À l'inverse, le projet de Wikileaks était de permettre aux citoyens d'avoir un regard sur les actions des États et des multinationales, et donc d'exercer un certain contrôle sur ces dernières. Rien de plus. Aucune volonté d'empêcher les particuliers de vivre selon leur bon plaisir. Pour un conséquentialiste ou un utilitariste, la liberté de conscience, le désir, l'ivresse, le rêve, l'amour n'ont aucune espèce d'importance – tandis qu'ils font, pour un libertaire comme Julian, le sel de l'existence et doivent être préservés contre toute intrusion.

Quand Julian a senti, au bout de deux heures, que Peter était K.-O., qu'il avait remporté tous les rounds, que son engagement pour l'information était plus convaincant que le plaidoyer du philosophe pour une transparence illimitée, il s'est permis d'ajouter une boutade assez délicieuse, en guise de conclusion :

Quoi que vous fassiez, il y aura toujours des spams. De temps à autre, les programmateurs conçoivent de nouveaux filtres antispams sophistiqués. Du coup, le coût du spam s'élève et, pendant un moment, on en reçoit moins. Mais cette accalmie est de courte durée, car les spammeurs finissent par venir à bout des mécanismes de filtrage et on revient à la situation de départ. Eh bien, vous ne voyez pas que la même chose vaut pour le bien et le mal ?

En d'autres termes : inutile de prétendre moraliser l'humanité au moyen d'une surveillance de chaque instant, adossée à une éthique utilitariste. L'humain est ainsi fait qu'il vous préparera toujours une entourloupe, qu'il enjambera le barrage. Toute morale envahissante est promise à être contournée.

Après que nous avons mis fin à la connexion Skype avec le grand éthicien de Princeton, Julian s'est décontracté, allongeant ses jambes et posant les pieds sur le coin de la table. De nouveau, il ressemblait à ce qu'il était : un adolescent attardé, génial et persifleur, un peu agaçant, et certainement pas formé pour affronter les enjeux majeurs de l'espionnage et de la géopolitique mondiale. C'est comme s'il s'était retrouvé, un peu par hasard, à jouer seul un match contre les superpuissances.

Nous nous sommes mis, je ne sais pourquoi, à parler de voyages en bateau et de la mer Méditerranée, de la beauté découpée et rocailleuse des côtes de Sicile. À cette évocation, les yeux de Julian flamboyaient. Je voyais qu'en lui, le globe-trotteur reprenait le dessus. Comme cela devait lui peser, de porter un bracelet électronique à la cheville... Pour un être comme lui, tellement épris de liberté, il n'y avait rien de pire.

5

Augusto Roa Bastos est le plus grand écrivain paraguayen du XXe siècle ; le seul aussi, natif de ce pays où la nature exulte et engloutit ce que les hommes s'efforcent de créer, où l'agriculture reste encore et pour cause le premier secteur d'activité, à être considéré comme une des voix romanesques importantes du sous-continent américain, aux côtés de Mario Vargas Llosa ou de Gabriel García Márquez.

De l'avis général, son chef-d'œuvre est *Moi, le suprême*, qui se donne à lire comme le monologue halluciné d'un (vrai) dictateur paraguayen de la première moitié du XIXe siècle, un certain José Gaspar Rodríguez de Francia. Par curiosité, je me suis procuré ce roman en traduction française, dans une vieille édition de poche – c'est un pavé de presque six cents pages serrées. Malheureusement, malgré plusieurs tentatives, je n'ai jamais réussi à le finir. Ici et là, on tombe sur des passages hauts en couleur, comme celui où, au début de la Dictature perpétuelle, après qu'une météorite énorme est tombée dans le désert du Chaco, Francia exige qu'on capture cet espion du cosmos et qu'on le ramène sous bonne garde à la capitale. Ou encore le châtiment de la rame, invention dont Francia s'enorgueillit : comme ses prisons sont surpeuplées, le despote innove en condamnant certains de ses opposants à vivre dans une barque, sur un fleuve. Ils ont le droit d'accoster à certains pontons qu'on leur a désignés, pour ramasser la nourriture qu'on leur dépose, mais pas de descendre à terre ; ils survivront donc aussi longtemps qu'ils seront capables de maintenir à flot leur embarcation. Cependant, la langue de Roa Bastos est logorrhéique, décousue, surchargée d'expressions fanées ; aucune scène n'est vraiment racontée d'un bout à l'autre, elles sont livrées par bribes.

En dépit de ses défauts, ce bouquin monstrueux et peut-être admirable me semble avoir capturé quelque chose de l'atmosphère spirituelle du Paraguay. Pour celui qui ne s'en laisse pas remontrer par la brutalité de cette contrée – car, pour le dire comme Roa Bastos, les Paraguayens n'ont aucun accès à la pensée et « la peur est leur seule conscience » –, pour celui qui y conserve, malgré la touffeur du climat, une intelligence en mouvement, il paraît presque impossible de ne pas sombrer dans un *lyrisme noir*. L'intelligence, au Paraguay, ne sert à rien, elle ne saurait s'épancher hors d'elle-même et se voit réduite à la rumination et à l'amertume.

Cette atmosphère déprimante s'explique peut-être aussi par une mésaventure peu connue, du moins en France où je n'en ai jamais entendu parler, la guerre de la Triple Alliance. Dans la deuxième moitié du XIXe siècle, le chef suprême de la nation paraguayenne a très imprudemment engagé des hostilités contre ses voisins, l'Uruguay, le Brésil et l'Argentine. Le résultat fut pire qu'une débâcle, cela tourna au génocide. À la fin, faute d'hommes en âge de se battre, on enrôlait de force des enfants de quatorze ans, qui partaient à une mort certaine. Pendant les cinq années qu'ont duré ces combats, la démographie paraguayenne a chuté de huit cent mille à deux cent vingt et un mille habitants. Aussi bizarre que cela puisse paraître, quand je suis passé à Asunción, j'ai eu le très net sentiment que le pays ne s'était toujours pas remis de cette saignée – comme une forêt brûlée qui n'aurait jamais repoussé. Avec ce traumatisme derrière lui, le Paraguay est en proie à une humeur désespérée qui ne ressemble pas à la *saudade* des Portugais ni au pessimisme des Français ni au spleen des Anglais ni à la mélancolie des Allemands ni à aucun des sentiments négatifs qui ont cours en Europe, où l'on peut toujours s'offrir, même quand on est accablé, le luxe d'un certain idéalisme. Là, pas question d'élaborer des philosophies subtilement désabusées ni de gloser d'un air détaché sur la course au néant de la civilisation issue des Lumières. Non, les Lumières sont éteintes depuis longtemps. On n'a d'autre choix que de s'engluer dans un cauchemar.

Bon, j'exagère peut-être un peu, et pourtant les propos de Philippe m'ont paru marqués par ce lyrisme noir si caractéristique de l'esprit du lieu où il habitait.

Ce soir, nous allons parler des sociétés secrètes ! s'est-il lancé. Un grand, un magnifique sujet.

Pour commencer, il y a une société sur laquelle je te dirai peu de chose, parce qu'elle est très fermée et qu'il serait dangereux de m'étendre : ce sont les Skull and Bones. Parfois, on l'appelle aussi Chapter 322 ou Brotherhood of Death, la Fraternité de la mort. C'est une des premières sociétés étudiantes américaines, elle a été fondée en 1832 sur le campus de Yale par un dénommé William Huntington Russell. Un drôle de type d'ailleurs, son cousin a fait fortune en trafiquant de l'opium dans le Triangle d'or. Tant que j'y suis, je te raconte une anecdote loufoque sur William : un jour, à l'âge de soixante-quinze ans, il a aperçu une bande de chenapans qui s'amusaient à lancer des pierres sur des oiseaux. Il a voulu les arrêter, leur a couru après et s'est mis dans un tel état de nerfs qu'il en a attrapé une rupture d'anévrisme – il y est resté. Clamsé pour avoir voulu prêter assistance à des oiseaux en danger. Pas mal pour un Frère de la mort, non ? Dans le fond, William Huntington Russell n'était pas un mauvais bougre, il a même lutté contre l'esclavage.

N'empêche, les rituels des Skull and Bones, qui n'ont pas bougé depuis presque deux cents ans, ont de quoi te glacer le sang. Chaque année, dans leur QG, leur « temple » qui se trouve sur le campus de Yale, les quinze nouvelles recrues du club se font prendre en photographie dans une position identique, autour d'un guéridon couvert d'une nappe noire sur laquelle sont posés deux fémurs croisés et un crâne. Ces ossements proviennent de la dépouille de Geronimo, dont les Skull ont profané la sépulture. Dans le fond de la pièce, une pendule antique indique toujours huit heures du soir. Comme si ces quinze personnes étaient des revenants et que le temps glissait sur elles.

Tu vois, on parle beaucoup des francs-maçons, on leur attribue les pires responsabilités – laisse-moi rire ! Ils ont un peu de pouvoir, certes, mais ils sont plus de quatre millions à travers le monde, autant dire qu'ils se fondent dans la masse. Tu pourrais être un franc-mac', certains de tes amis le sont. Les Skull, c'est une autre paire de manches – il s'agit d'une minuscule coterie et voilà ce qui fait leur force.

On y entre après une sélection impitoyable. Je te raconte comment ça se passe. Imagine, tu es admis à Yale. Pendant les premiers mois, tu es placé en observation. Or, il se trouve que tu es plutôt doué, que tu fais des interventions orales brillantes en classe, que tu te ranges parmi les meilleurs aux épreuves écrites. Mettons que, par ailleurs, tu viennes d'une famille puissante de la côte Est, que tu sois un Rockefeller ou un Harriman – cela ne gâche rien. Avec tes petits camarades, tu as un comportement amical, mais tu parviens aussi à prendre l'ascendant sur eux, tu as du charisme. Un beau jour, un type viendra dans ton dos, te donnera une tape sur l'épaule et te dira à l'oreille : Skull ! Ou bien, tu recevras sous la porte de ta chambre une enveloppe noire, avec une carte sur laquelle est inscrit ton nom. C'est l'invitation à rejoindre la Fraternité. Cette lettre engage beaucoup de conséquences. Cela veut dire, et d'une, que tu vas être soumis pendant les mois et les années à venir à un training qui tient à la fois du bizutage et de l'initiation, car on ne devient pas un Skull accompli du jour au lendemain. Cela signifie aussi, et de deux, que tu seras le prochain directeur de la CIA ou le prochain président des États-Unis. Quoi qu'il arrive, une place au soleil t'est réservée. Tu ne me crois pas ? Tiens, je te cite en vrac quelques-uns des membres actuels de la Fraternité : il y a d'abord les deux présidents Bush, père et fils, le secrétaire d'État John Kerry ou encore l'économiste en chef de Barack Obama, Austan Goolsbee. Républicain, démocrate, ce genre d'opposition n'existe plus à un certain niveau. En réalité, tous ces hommes qui font semblant d'appartenir à des partis opposés, afin de mettre un peu de piquant dans la course électorale, sont liés les uns aux autres par un pacte secret. Chacun d'eux a juré obéissance et fidélité à quatorze autres jeunes hommes, pour toute la vie, la paume tendue au-dessus du crâne de Geronimo. Ça paraît insensé, et pourtant c'est la pure et simple réalité.

Cependant, il est difficile d'en savoir davantage. Un jour, lors d'une conférence de presse, un journaliste a posé une question à Bush senior sur ses liens avec les Skull. Une petite question gentille, ouverte, même pas formulée sur le ton de la provoc. Tu sais ce qu'il a répondu, le père Bush ? « Sortez-moi cet homme de la salle. » Circulez, y a rien à voir.

Mais il existe une autre société secrète passionnante, qui officie sur la côte Ouest celle-là, le Bohemian Club. Ce dernier a été fondé en 1872 par cinq journalistes de San Francisco. Le Bohemian Club compte aujourd'hui près de deux mille membres, tous masculins – car ces fraternités et ces clubs élitistes dont je te parle sont extrêmement misogynes et n'admettent la présence d'aucune femme dans leurs réunions. Les Bohemian sont, par sensibilité, plutôt conservateurs, la plupart sont proches du parti républicain.

Une fois par an, certains membres se réunissent pour passer les quinze premiers jours de juillet ensemble, dans une forêt de séquoias centenaires de mille cent hectares, située au nord de San Francisco, qu'on appelle le Bohemian Grove. Ils ont des bungalows pour dormir sur place, des restaurants et des buvettes – même si, en principe, ces installations devraient être interdites et la forêt protégée, car elle appartient au patrimoine naturel des États-Unis. Donc, pendant deux semaines, ces hommes riches et puissants se promènent en shorts et en sandales, picolent toute la journée, font des blagues de troufion en se tapant sur le ventre et pissent dans les buissons. Certains partouzent plus ou moins entre eux, paraît-il. Bill Clinton, alors qu'on le questionnait là-dessus, a blagué : « Le Bohemian Club ? Vous voulez parler de ces richards républicains qui prennent plaisir à se balader à poil entre les séquoias ? »

Mais tout cela resterait bon enfant, vraiment – ils prennent leur pied comme ils veulent après tout ! –, s'il n'y avait pas, au beau milieu du séjour, un événement très particulier, une cérémonie appelée *cremation of care*, le bûcher de l'inquiétude.

T'as vu le dernier film de Kubrick, *Eyes Wide Shut* ? Tu te souviens que le héros, joué par Tom Cruise, se retrouve par erreur dans une orgie sadomasochiste à laquelle participent des membres de la très haute bourgeoisie ? Je suis sûr que Kubrick s'est inspiré des Bohemian. Il a un peu romancé, mais sa source est là.

En 2000, le journaliste Alex Jones a réussi un petit exploit, il est parvenu à s'infiltrer dans le Bohemian Grove, alors que le bois était entièrement ceinturé par la police et l'armée, et à ramener une vidéo de la cérémonie de la crémation, qu'il a réalisée avec une caméra cachée. Grâce à lui, on en sait un peu plus.

La soirée se déroule au bord d'un petit lac. Sur une rive, le public est assis. Sur la rive d'en face, il y a une statue de douze mètres de haut qui représente une chouette géante. Certains membres du Bohemian t'expliqueront qu'il s'agit de l'oiseau de Minerve, le symbole de la sagesse. Mais la chouette a d'autres significations, elle est l'une des représentations traditionnelles du Moloch – la divinité démoniaque à laquelle les Babyloniens, jadis, offraient des sacrifices d'enfants. D'ailleurs, le Bohemian Grove est plein de pancartes et de statues plutôt flippantes. Alex Jones a par exemple filmé une grande enseigne de bois dans laquelle est sculptée une tête de mort surdimensionnée, avec cette légende : «Je suis la fille», en français. Mais je reviens à la crémation : à minuit, tout le monde se tait autour du petit lac. On entend les croassements très sonores des grenouilles. Et puis, du fond des bois, des sons de cornemuse retentissent. Des torches s'allument et l'on voit arriver un chariot, tiré par des hommes revêtus de capes noires et de cagoules. Sur le chariot, un corps est ficelé. Le son des cornemuses s'arrête, on entend un passage poignant, très triste vraiment, du trio pour cordes opus 100 de Schubert, le silence se fait et le maître de cérémonie prend la parole :

«Salut à vous, Bohémiens ! Avec les rides sur les eaux, le chant des oiseaux, cette musique qui a inspiré les âmes plongeantes, nous vous invitons aux réjouissances du milieu de l'été. Le ciel est bleu et rempli d'étoiles.

Le sol de la forêt est couvert de sable odorant. Le frais baiser du soir est à vous. Balayez vos chagrins avec la poussière des cités, laissez partir les soucis de la vie...»

Ce discours allégorique dure un long moment, avec des intermèdes musicaux, et pendant ce temps-là, le corps ficelé sur le chariot est déposé sur des fagots. Finalement, ils y mettent le feu, sous un tonnerre d'applaudissements. Les Bohemian prétendent que ce n'est qu'une effigie qui est brûlée ce soir-là, une image de l'inquiétude. Mais Alex Jones a montré sa vidéo à plusieurs experts en occultisme et, d'après ces derniers, la cérémonie mélange des rituels babyloniens et druidiques, elle ressemble à s'y méprendre aux mises en scène qui accompagnaient, dans l'Antiquité, les sacrifices humains.

Tout cela pourrait ressembler à un fait divers, aux délires d'une petite bande de rockers sataniques frappadingues. À mon avis, ces gens-là sont bons pour la camisole – mais bon, il faut de tout pour faire un monde. Là où les choses prennent une autre dimension, c'est quand tu te renseignes sur l'identité des membres du Bohemian club. Tiens, je t'en cite quelques-uns : il y a les anciens présidents Herbert Hoover, Richard Nixon, Ronald Reagan, George H. W. Bush, mais aussi le magnat des médias William Hearst, qui a inspiré *Citizen Kane*, ou le stratège de la guerre froide Henry Kissinger, une vraie crapule celui-là. Il semblerait même que Robert Oppenheimer et les principaux membres du projet Manhattan aient mis au point leur plan lors d'une réunion au Bohemian Grove. Alors, si les mecs qui sont à l'origine d'Hiroshima et de Nagasaki sont des adorateurs du Moloch des anciens Babyloniens, avoue que l'Histoire contemporaine a un drôle d'arrière-goût!

Tandis que j'écoutais Philippe, me revenaient à l'esprit ces passages de *Moi, le suprême*, où le dictateur paraguayen clame inlassablement sa vindicte contre les aristocrates et les nantis :

«Les oligarquaillons pensaient vivre jusqu'à la fin des temps de l'élevage de leur argent et de leurs vaches. Vivre en faisant le ne-rien-faire... Aristocrates-Iscariotes... Bandes d'escamoteurs des droits du commun. Bâtards de ces légions de propriétaires. Fils de la terre et du gourdin. Eupatrides qui s'auto-intitulaient patriciens. Mets une note en bas de page : Eupatride veut dire possédant.»

La rage de Francia contre les «oligarquaillons», son désir de laminer les «Vingt Familles» les plus puissantes du pays virent à l'obsession : les accusant d'une nuée de méfaits, il mène à leur encontre une politique de terreur. Il exproprie les possédants et les enferme dans des cachots dont les ouvertures sont colmatées, de telle façon que même les rats soient empêchés d'aller et venir, car il craint que les prisonniers n'apprivoisent ces bestioles pour leur faire porter des messages. Le tyran refuse qu'il reste, au Paraguay, un seul *grand*, susceptible de lui disputer sa place. Ce n'est pas pour rien qu'il se fait appeler le Suprême. Il accuse les aristocrates de se faire servir, lors de banquets fastueux organisés dans leurs *encomendias* – leurs opulentes exploitations agricoles –, la chair de leurs serfs indiens et de s'en régaler.

Dénoncer les mœurs corrompues de la classe supérieure, est-ce toujours le signe d'une authentique aspiration démocratique ? Parfois, sans doute. Mais chez le Suprême, ce discours obsessionnel ne vise qu'à établir le règne sans partage de ses propres lubies.

Il y a une chose qu'il faut que tu comprennes, reprit Philippe après avoir repositionné son ordinateur pour se placer mieux dans l'axe de la webcam et occuper une position plus centrale sur mon écran (ce qui, néanmoins, ne résolvait pas l'inconvénient principal des conversations sur Skype, qui est qu'on ne peut regarder l'autre dans les yeux). Ces sociétés secrètes ne sont pas récentes, elles plongent leurs racines très loin dans l'Histoire. En réalité, tout a débuté en 1314.

Cette année-là, Jacques de Molay, grand maître de l'ordre du Temple, a été brûlé en plein Paris. Les chevaliers du Temple étaient alors richissimes, puisque c'est eux qui sécurisaient les routes commerciales entre le Proche-Orient et l'Occident ; les croisades avaient assuré leur fortune. L'ordre était devenu tellement puissant qu'il a fini par inquiéter la chrétienté, et le pape

Clément V l'a dissous, avec l'aide du roi de France Philippe Le Bel. Les templiers ont été arrêtés, ils ont avoué toutes sortes de crimes sous la torture durant des procès en hérésie et ont été condamnés à mort. Sauf qu'une partie de l'ordre a fait le choix d'entrer dans la clandestinité – c'est la première société secrète d'Occident, si tu veux. Dès lors, cet ordre clandestin s'est juré de mener une guerre souterraine sans merci contre la monarchie absolue de droit divin et le Vatican. C'est eux qui vont donner naissance à la franc-maçonnerie en Écosse, à la fin du XVIe siècle. Eux aussi qui vont assurer l'essor du protestantisme à l'Est et au Nord de l'Europe, car ils ont tout de suite vu que les réformes demandées par Luther et Calvin constituaient une arme redoutable contre la papauté. Quand tu commences à examiner de près l'histoire des sectes protestantes, des loges maçonniques, des Rose-croix, tu t'y perds forcément un peu, car ces groupuscules sont innombrables. Mais le but est toujours le même, et il est assez sain au départ, je trouve – il s'agit de saper les bases de la royauté et de l'église catholique romaine.

Le projet va néanmoins prendre une autre tournure lorsque le théologien Adam Weishaupt, en 1776, va fonder l'*Illuminatenorden*, le fameux ordre secret des Illuminati. Un édit du gouvernement bavarois va le dissoudre dès 1785. Ainsi les Illuminati auront eu, officiellement, moins de dix ans d'existence. Sauf qu'Adam Weishaupt a eu un véritable coup de génie : comprenant que, pour lui, le vent allait vite tourner, il a décidé de disséminer son ordre en infiltrant ses compagnons dans les loges maçonniques. Tu saisis le plan ? Les Illuminati n'existent pas, sauf qu'ils sont une société secrète à l'intérieur des autres sociétés secrètes. C'est comme des poupées russes. J'ai eu la chance d'interviewer, en France, un franc-maçon qui était arrivé tout en haut, au trente-troisième degré selon le rituel écossais, et ce gars-là m'a avoué qu'il était un Illuminati. Bien sûr, les toges blanches, les petits larbins de la franc-maçonnerie ne s'en doutent pas.

Si cela te paraît difficile à croire, je te conseille un livre publié par un philosophe écossais, John Robison, en 1797. On dirait que le titre date d'hier, *Proofs of a Conspiracy*, « Les Preuves d'une conspiration ». C'est un classique, dommage qu'on ne le fasse pas lire à l'école. Dans ce bouquin, Robison raconte qu'il a été attiré, dans sa jeunesse, par les idéaux humanistes et universels de la franc-maçonnerie. Il a été initié par la Loge de Liège, puis a voyagé à travers l'Europe et fréquenté les loges françaises de Valenciennes, de Bruxelles, d'Aix-la-Chapelle, de Berlin, de Koenisgberg. Lors d'un séjour à Saint-Pétersbourg, il a également établi le contact avec des loges allemandes et anglaises, et dans ces dernières il a atteint le rang de Maître écossais. Bref, Robison sait de quoi il parle. Mais il a décidé de publier ce qu'il avait appris, parce qu'au fil des années, il a constaté que l'esprit de la franc-maçonnerie s'altérait, que quelque chose de sournois, de mauvais était en train de naître. Et il a compris, peu à peu, que l'influence des Illuminati prospérait, comme un cancer, au sein de la maçonnerie européenne. Or, le véritable objectif poursuivi par les Illuminati est, dit-il, d'éradiquer les institutions religieuses et de renverser les gouvernements d'Europe. C'est une logique foncièrement antireligieuse, antispirituelle et anti-étatique que ces Illuminati ont impulsé à travers le vieux continent, et le club des Jacobins ne serait qu'une des têtes de l'hydre. Je t'ai donné ces précisions historiques, pour que tu comprennes mieux le rôle des ossements, des rites sataniques et les collusions entre hommes politiques de droite et de gauche que tu retrouves aujourd'hui chez les Skull ou les Bohemian – en fait, ces gens ne font que poursuivre les vieux rêves matérialistes et nihilistes d'Adam Weishaupt, un vrai génie celui-là, soit dit en passant. Ainsi, ce sont les Illuminati qui ont corrompu de l'intérieur la franc-maçonnerie, elle-même survivance de l'ordre du Temple.

Cette toile de fond va t'aider à comprendre pourquoi les présidents élus de nos prétendues démocraties n'ont absolument aucun pouvoir, tandis qu'il existe un gouvernement mondial occulte qui dirige le monde. En fait, les présidents, les ministres ne sont que des pantins, car leur charge a été privée de consistance par le travail de sape des alliances secrètes. Aujourd'hui, le gouvernement mondial est une réalité, et il a un nom – c'est le club Bilderberg. J'imagine que tu en as entendu parler ?

Je dus bien reconnaître que non.

Attends, tu es journaliste, directeur d'un magazine, et tu ne connais pas le Bilderberg ? C'est la meilleure. Enfin, ça prouve que tu n'as pas été touché par la pourriture, pas encore du moins. Alors voilà, je t'explique : Bilderberg, c'est le nom d'un hôtel situé dans la ville d'Oosterbeck, aux Pays-Bas. En 1954, un groupe d'hommes d'affaires et de politiciens de l'Ouest – n'oublie pas que nous étions au début de la guerre froide – s'est réuni dans cet hôtel pour la première fois. Ils voulaient combattre l'antiaméricanisme en Europe, mais aussi trouver des moyens d'affaiblir les pays du bloc soviétique. Cela leur a demandé trente-cinq ans, mais ils ont carrément réussi leur coup, car la chute du mur de Berlin, en 1989, est leur œuvre.

Tu ne t'es jamais demandé, concrètement, par quel mystère le mur était tombé sans qu'il y ait un seul mort ? Je te rappelle que le rideau de fer, en RDA, c'était pas de la tarte. Il s'agissait d'une installation d'une longueur de mille deux cent soixante-quinze kilomètres, avec deux hautes rangées de barbelés, et au milieu un *no man's land* d'une largeur de dix mètres. Il y avait des miradors, des clôtures électrifiées, des projecteurs, des rondes de policiers de la Stasi armés de kalachnikovs, des chiens dressés à flairer toute intrusion. Et c'est à Berlin que le verrouillage de la frontière atteignait son maximum.

Un soir on t'apprend, au journal de vingt heures à la télévision, que tout ce dispositif militarisé est tombé, sans qu'il y ait un seul combat ni même un blessé. Et toi, bien sûr, tu y crois… Plus c'est gros, plus ça passe. Chez les truthers, il y a une vidéo qui circule, très instructive – elle n'est pas en ligne, celle-là. C'est un document qui a été vendu par le GRU, la direction du renseignement militaire russe, au marché noir, dans la débâcle qui a suivi la fin de l'Union soviétique… On y voit la chute du mur telle qu'elle s'est réellement déroulée. La vidéo n'est pas de très bonne qualité, car elle a été prise par une caméra de vidéosurveillance. Voilà le topo : dans la nuit du 9 au 10 novembre 1989, une bande de jeunes gens, qui avaient l'air en goguette comme s'ils sortaient d'une soirée bien arrosée, s'est ramenée à Checkpoint Charlie, le mythique poste-frontière entre Berlin-Est et Berlin-Ouest. Ces jeunes sont arrivés les mains dans les poches, sans armes. Ils ont fait mine de traverser. Dans sa guérite, un gradé de la Stasi a passé un coup de fil. Bien sûr, ils avaient le droit de tirer sans sommation, mais là, ça faisait un peu plus d'une centaine de personnes – beaucoup de monde à abattre, quand même. Donc, le gradé téléphone, et il reçoit l'ordre de ne rien faire, de ne pas bouger. Comment t'expliques ça ? Sinon par le fait que cette pathétique chute du mur n'était qu'une mascarade ?

Ce soir-là, Gorbatchev avait donné une consigne très, très inhabituelle : avant d'aller se coucher, il avait demandé qu'on ne le réveille sous aucun prétexte. Même si les Américains nous attaquent, tu me laisses dormir, compris ? Ainsi, il a laissé la chaise vide pendant quelques heures, durant lesquelles le bloc soviétique s'est effondré. Un peu plus tard, tu retrouves le même Gorbatchev, très souriant, très content de lui, en train de donner des conférences devant des parterres de leaders internationaux sur le développement durable, et là tu piges… Il avait été corrompu par les Occidentaux – comme son successeur Boris Eltsine, d'ailleurs.

Mais je vais être plus précis : à l'été 1989, après un sommet du Bilderberg qui eut lieu à Paris, une délégation du club composée de David Rockefeller, Henry Kissinger et Georges Berthoin, un diplomate français, fut reçue au Kremlin par Mikhaïl Gorbatchev. C'est à ce moment-là que la chute de l'URSS a été négociée. Ce qu'ils lui ont refilé en échange, à Mikhaïl, personne ne le sait. Leurs moyens étaient illimités.

Toujours est-il que, depuis 1954, le Bilderberg se réunit une fois par an. Chaque sommet dure un week-end, et le discours inaugural est tenu par le président du pays hôte, qu'on flanque à la porte dès le démarrage des conversations véritables. La dernière fois qu'un Bilderberg s'est déroulé en France, c'était au Trianon Palace Hôtel à Versailles, en 2003. La marionnette Chirac est venue serrer des pinces, un coucou et ouste ! Les affaires sérieuses ont pu commencer. Malheureusement, on n'a jamais eu aucun témoignage complet sur le déroulement de ces journées-là. Bien sûr, pour amuser la galerie et les invités un peu périphériques du club, il y a quelques conférences officielles, qui portent sur des sujets généraux –, mais l'essentiel se fait ailleurs, ce sont des conciliabules de deux ou trois personnes, qui s'improvisent dans les salons d'étage et les chambres.

Le sommet du Bilderberg, c'est un endroit où les participants doivent se rendre *nus*, comme on dit dans notre jargon, c'est-à-dire que personne n'a le droit d'avoir sur lui un téléphone portable, un enregistreur ou un ordinateur. Les gardes du corps et les secrétaires particuliers sont également interdits. C'est beaucoup moins déconnant que le Bohemian, parce que c'est là que se montent les gros coups politiques et financiers des douze mois à venir.

Je sais bien que les journalistes sont interdits au Bilderberg, cependant j'ai tenté une petite démarche d'approche. Oh, c'est pas allé bien loin, mais l'histoire est plutôt amusante, je te raconte. En 2011, un congrès ibéro-américain s'est tenu à Asunción. Je me suis dit, c'est ma chance, et comme j'ai un tas de copains en ville, j'ai réussi à me faire remettre une accréditation comme journaliste *free lance*. Sur place, au lieu d'assister aux séances – carrément barbantes, entre nous soit dit –, j'ai foncé droit sur le chef du protocole de la monarchie espagnole, parce que je savais que le roi et la reine d'Espagne sont des Bilderbergers assidus. Je lui ai demandé une interview et nous nous sommes retirés dans une petite pièce. De but en blanc, je lui ai annoncé que je ne comptais lui poser aucune question. Là, j'ai vu le chef du protocole se mettre à transpirer. Faut dire que j'ai une sale gueule. Il a regardé mon badge et ce qu'il a lu ne lui a pas tellement plu : un *free-lance*, cela peut-être tout le monde et n'importe qui, quand la plupart des autres journalistes présents sur le congrès étaient envoyés par des chaînes de télévision ou des grands quotidiens d'Amérique Latine.

Calme-toi, mon grand, je ne vais pas te faire de mal.

Mais qu'est-ce que vous me voulez ? a-t-il demandé, de plus en plus nerveux.

Rien de plus qu'un petit service : tu vois cette carte de visite ? Il a acquiescé. Je vais écrire trois lettres au dos de la carte et tu vas aller la remettre gentiment, comme un brave toutou, au roi et à la reine. D'accord ?

J'ai tracé lentement, au dos de la carte, les lettres BIL. Le chef du protocole a fermé les yeux, il a soupiré. Il avait compris.

J'aimerais bien être invité, un jour – j'ai ajouté.

Il m'a assuré que la carte serait remise en mains propres. Bon, évidemment, je ne me fais pas d'illusions. Mais je souhaitais, tu vois, que le Bilderberg sache que je m'intéresse à lui. C'est une manière de lancer une perche, de créer un début de relation.

Tiens, je me suis quand même aventuré un peu plus loin et je vais te donner une information très rare, qui n'a pas encore été publiée. C'est le résultat d'une de mes investigations, mais je ne peux pas te donner de détails là-dessus ; c'est secret. En tout cas, personne n'est au courant à part moi – et les principaux concernés, bien sûr.

En 2013, il y a eu un mini-Bilderberg, une réunion en petit comité sur une île de Caroline du Sud, Kiawah Island. C'est un endroit chic, mais assez effrayant aussi – on se croirait dans *Shutter Island* de Scorsese. Sur cette île, dans un hôtel de luxe baptisé The Sanctuary – ça ne s'invente pas, ils ont quand même de l'humour les maîtres du monde ! –, une poignée de membres du club se sont retrouvés, peu nombreux, mais vraiment du très beau linge. Il y avait Bill Gates, Warren Buffet, l'ancien maire de New York Michael Bloomberg, et la star de la télé Oprah Winfrey. Et là, entre deux whiskys bien tassés, ils ont décidé que le prochain candidat républicain aux élections présidentielles américaines serait Jeb Bush, le petit frère de George W. Ces mecs-là sont prêts à tout pour le faire élire. On verra s'ils y arriveront !

Au fait, un dernier petit truc à méditer, et après je te laisse : tu sais ce qu'on voit sur le billet d'un dollar ? Regarde bien, au milieu il y a un petit blason de forme circulaire, dans lequel est dessinée une pyramide tronquée surmontée d'un œil inscrit dans un triangle.

C'est le symbole des Illuminati.

Après avoir raccroché avec Philippe, j'ai aussitôt tapé les mots-clés *billet + dollar + pyramide* sur Google, afin de vérifier cette dernière affirmation. Il avait raison : je suis tombé sur un site où, par effet de zoom, on voyait parfaitement ce blason ovale figurant sur le billet américain, côté pile, avec à l'intérieur une pyramide dont le sommet était séparé de la base. Dans le triangle du haut, un œil. Ce symbole s'appelle, me semble-t-il, l'« œil de la Providence ». À ma connaissance, il est assez répandu et fréquemment utilisé, comme le compas, par les francs-maçons. Est-il particulièrement associé aux Illuminati ? Je n'en sais rien, c'est possible. Ce symbole figure aussi sur un petit vitrail qui surmonte l'autel d'une vieille chapelle romane bâtie sur les pentes de la montagne de Dun en Saône-et-Loire. En fait, il est assez commun, et j'ignore son sens exact, sinon que le triangle représente la Trinité et l'œil la vision divine. Mais voilà que le site conspirationniste sur lequel j'étais tombé me donnait un autre indice, que Philippe ne m'avait pas cité. Par un effet de loupe, il montrait, caché dans le feuillage verdâtre ornant le coin supérieur droit du billet, un minuscule animal. Sa taille n'excédait pas une tête d'épingle. C'était une chouette, aux yeux noirs.

6

Dans les jeux d'arcade, celui qu'on rencontre en dernier est le boss.

De tous les personnages, le boss est à la fois plus puissant et le plus difficile à vaincre ; une armada de serviteurs l'entoure, formant autour de lui un essaim protecteur. Sa taille est admirable – sa fortune est estimée à plus de deux milliards de dollars. Il m'est déjà presque impossible d'imaginer quelle existence je mènerais si j'avais dix millions de dollars, lui en possède deux cents fois plus. Avec cette somme, beaucoup de combattants imploseraient ou se laisseraient dériver ; le boss, lui, n'a pas quitté son poste. D'où vient sa fortune ? Au milieu des années 1990, le boss était trader, qui vendait des produits dérivés pour une filiale américaine du Crédit Suisse. Son coup de génie est d'avoir investi dans Paypal, le premier service sécurisé permettant d'effectuer des paiements en ligne, en 1996 – il a revendu ses parts pour à peu près cinquante millions de dollars en

2002. Après ce gain, d'aucuns auraient décidé de s'offrir une retraite dorée à Bali, de se consacrer à la pêche au gros, à une collection de traités d'alchimie du Moyen Âge ou auraient acheté un vignoble dans le Bordelais; la plupart se seraient éloignés du milieu des affaires pour se consacrer à une marotte personnelle, et c'est probablement ce que j'aurais choisi. Pas le boss, qui a eu son coup de génie deux ans plus tard : il fut le premier à investir dans Facebook, et c'est de la revente progressive de ces actions, au cours des dix années suivantes, qu'il a tiré l'essentiel de son patrimoine. J'avoue qu'avant de le rencontrer, je n'avais jamais serré la main d'un milliardaire. Je confirme qu'elle est composée de chair et d'os, comme celle des autres humains. À ceci près qu'elle a une poigne plus assurée – c'est que l'argent ne reste jamais sans effet sur la psychologie. À présent, il est temps de dévoiler l'identité du boss : il s'appelle Peter Thiel.

Pour un ultra-riche, Peter a un profil peu banal : en parallèle de son cursus d'économie, il a poursuivi de brillantes études de philosophie à l'université de Stanford, en Californie. Là-bas, il a assisté aux cours de René Girard – par gratitude, il finance aujourd'hui une fondation, Imitatio, destinée à promouvoir l'œuvre du grand penseur du désir mimétique. Par hasard, il m'est arrivé de parler de Peter avec l'un de ses anciens professeurs à Stanford, qui m'a rapporté une anecdote agaçante à son propos. Tous les samedis, les étudiants du département de philosophie avaient coutume de se réunir pour un quiz. Pouvez-vous citer trois ouvrages du philosophe néo-platonicien Proclus, ainsi que la date de sa naissance et de sa mort ? Êtes-vous en mesure d'énumérer les douze catégories de l'entendement déduites par Emmanuel Kant dans la *Critique de la raison pure* ? À la suite de quel événement John Stuart Mill est-il devenu un défenseur du féminisme ? Un samedi après l'autre, Peter remportait la compétition.

Mais il y a plus singulier encore : il existe un lien étroit entre les positions philosophiques adoptées par Peter et la nature de ses investissements. Il a parié sur ses idées et a gagné un pactole. En philosophie, Peter est un adepte du *libertarisme* et du *transhumanisme* – deux gros mots, que je vais essayer de définir rapidement. Le libertarisme est une radicalisation du libéralisme, proposant de fonder non seulement le marché mais la société entière sur les principes de dérégulation et de non-intervention de l'État. Concrètement, dans une nation libertarienne, chacun agirait selon ses propres choix, sans avoir de conseil à recevoir de personne, sans que ses actes ne soient passibles d'aucune poursuite tant qu'ils ne nuisent à nul autre qu'à lui-même. Ainsi, vous pourriez vendre vos organes si vous le souhaitez, vous droguer tranquillement, vous prostituer, accepter de mourir au milieu d'une orgie sadomasochiste dans un club privé si tel est votre caprice. Les libertariens qualifient les lois qui empêchent les individus de se faire du mal à eux-mêmes de «paternalistes» – à leurs yeux, elles relèvent de l'infantilisation et maintiennent indûment les citoyens sous la tutelle morale de l'État.

Si l'on réalisait le programme libertarien, beaucoup d'obligations qui ont cours dans nos social-démocraties seraient suspendues, pour le meilleur et pour le pire. Nul n'aurait de contrainte en ce qui concerne l'instruction de ses enfants. Certains décideraient peut-être de ne leur apprendre que la poterie, sans leur transmettre ne serait-ce que les rudiments de la lecture et du calcul. Inversement, il serait possible de créer des écoles d'élite où, dès l'âge de cinq ans, on manierait le théorème de Pythagore et les équations du second degré. Il n'y aurait pas d'impôts à payer, ou seulement une contribution minimale pour l'entretien des routes, de la police et de l'armée. Dans la plupart des procès, il n'y aurait pas d'emprisonnement ni même de notion de châtiment, si bien que presque tout se réglerait par transaction financière. La seule question qui intéresserait vraiment les parties serait : combien *vaut* ce viol ? Enfin, il n'y aurait pas de droit du travail, un chirurgien génial pourrait décider d'exercer seulement deux heures par mois tandis qu'un type sans talent et sans ressources n'aurait probablement pas d'autre recours que de se vendre comme esclave.

Dans un texte posté sur *Cato unbound* («Caton délivré» : le nom de ce blog, vitrine d'un *think tank* libertarien influent sur la côte Ouest, rend hommage à Caton d'Utique, qui a tenté en Afrique un baroud d'honneur contre l'autoritarisme de Jules César, avant d'être acculé par la défaite au suicide), Peter lâche cet aveu surprenant de franchise : «Je ne crois plus que la liberté et la démocratie soient compatibles.» Plus loin, il enfonce le clou : «À notre époque, la grande tâche pour les libertariens est de trouver un moyen d'échapper à la politique sous toutes ses formes – depuis les catastrophes totalitaires ou fondamentalistes jusqu'au *demos* stupide de la soi-disant social-démocratie.» Chez nous, cette condamnation de la démocratie serait suspecte de fascisme; mais il s'agit d'autre chose. On touche là au rêve des libertariens, de réaliser un monde sans politique et sans institutions, où les individus ne seraient plus tenus par aucune structure; on y verrait apparaître des échanges variés, non contraints, dont les formes seraient définies ponctuellement par des contrats, entre adultes consentants. Où mettre en pratique des principes si exigeants?

Peter envisage trois possibilités : le cyberespace; l'espace; les océans. C'est cette conviction qui a guidé ses premiers investissements. Pourquoi créer Paypal? Pour qu'il existe un moyen de paiement qui échappe à toute forme de contrôle, qui ne soit plus une monnaie battue par un État souverain. Pourquoi investir dans

Facebook ? Pour détruire le corps de la nation, forme moderne de la communauté politique, et lui substituer des réseaux d'amis libres de s'agréger et de se défaire à leur gré dans le cyberespace. En ce qui concerne l'espace – c'est-à-dire la Lune, la planète Mars, voire les exoplanètes situées dans d'autres systèmes solaires –, il se prêterait sans nul doute à une refondation de l'humanité sur des bases anarchiques et libérales, mais hélas, remarque Peter, il est pour l'instant hors de notre portée. Par contre, les océans sont une réserve d'opportunités encore inexploitée, c'est pourquoi Peter a investi massivement dans le Seasteading Institute dirigé par Patri Friedman, petit-fils du très libéral prix Nobel d'économie Milton Friedman (et accessoirement ancien conseiller économique du général Pinochet) : le but de cet organisme est de construire des villes sur des plateformes *offshore*, en dehors des eaux territoriales – profitant du vide juridique, ces cités flottantes seraient intégralement déréglementées.

Quant au second courant de pensée pour lequel Peter en pince, le transhumanisme, disons, pour le situer sommairement, qu'il préconise d'employer l'ensemble des moyens biomédicaux à notre disposition – thérapies cellulaires, xénogreffes, modifications génétiques, etc. – pour faire reculer la mort. Dans un autre de ses écrits théoriques, Peter, qui apprécie la provocation au point de rarement s'embarrasser de nuances, décrète : « La mort était à un mystère, nous allons en faire un problème auquel il existe une solution. » Cette formule résume le credo des transhumanistes.

Libertarisme et transhumanisme sont liés par au moins deux aspects : tous deux exaltent la toute-puissance du Moi, qu'ils placent au-dessus des lois et des limitations naturelles ; en ce qu'ils sont défendables théoriquement mais ne tiennent aucun compte de l'état du monde réel, tous deux s'apparentent à des *folies rationnelles*.

J'ai rencontré Peter au printemps 2014, dans le bar d'un hôtel du Quartier latin. Il se trouve qu'il tient en haute estime le philosophe français Pierre Manent. C'est même pour s'entretenir avec lui qu'il a fait, alors qu'il était de passage en Europe, un crochet à bord de son jet privé par Paris. Mes collègues de *Philosophie Magazine* avaient entendu parler de cette rencontre improbable et avaient demandé la permission que nous y assistions, pour tirer de leur conversation un article ; ainsi, nous étions trois membres du journal à être accourus, curieux d'entendre ce que le milliardaire frondeur de la Silicon Valley et l'universitaire français chrétien, auteur de remarquables essais sur la pensée libérale, de monographies érudites sur Michel de Montaigne et Alexis de Tocqueville, auraient à se dire.

Par hasard, je suis arrivé à l'hôtel où nous avions rendez-vous avec vingt minutes d'avance ; Peter aussi, qui descendait d'une luxueuse berline avec chauffeur. Je l'ai salué et lui ai demandé s'il désirait s'installer dans un endroit tranquille pour travailler jusqu'à l'arrivée de Pierre Manent – mais non, il avait envie de discuter, et nous nous sommes mis à causer à bâtons rompus.

Vous venez d'où comme ça ?

J'étais hier à Copenhague, pour le sommet annuel du club Bildenberg.

Ah... tiens, ai-je dit, pendant que mon esprit faisait un looping au-dessus du Paraguay, et c'était intéressant ?

Oui, j'adore ces réunions du Bilderberg. Ils annoncent le lieu au dernier moment, mais il y a toujours des milliers de militants qui manifestent dans les rues autour du sommet, avec des banderoles contre le nouvel ordre mondial et les affreux maîtres du monde. C'est formidable... ces crétins parviennent presque à nous faire croire que nous sommes des demi-dieux.

Peter souriait.

Au physique, il n'avait pas vraiment de signe distinctif et je pense que, sans même que vous recherchiez sa photographie sur le Web, si vous essayez de vous représenter mentalement un *homme d'affaires américain brun de quarante-cinq ans*, la première image qui vous viendra à l'esprit est à peu près la bonne. Ce jour-là, il portait un deux-pièces bleu sombre, sans cravate. Pour ce qui est de la corpulence, il avait cette particularité qu'on observe souvent chez les gens qui affichent une éclatante réussite sociale : sur sa personne, le muscle et la graisse se livraient une lutte dont l'issue était encore incertaine. Peter devait avoir un coach et une salle de sport privée, si bien que ses chairs n'étaient pas relâchées, mais tenues, énergiques. Par conséquent, même son embonpoint pouvait passer pour de la force. Mais les coaches ne sont pas magiciens et n'ont pas le pouvoir d'effacer complètement les effets délétères des repas gastronomiques.

Alors que nous discutions depuis un quart d'heure, j'ai remarqué un détail qui m'a d'abord intrigué, dont j'ai saisi au fil de l'après-midi l'importance. D'habitude, s'il m'arrive de parler avec un chef d'entreprise ou un décideur économique, je me suis habitué à ce que celui-ci consulte régulièrement un *smartphone* ou une tablette, et que son propos soit entrecoupé de nombreuses vibrations, sonneries et envois de SMS. Moi-même, sans être à ce niveau, je suis intoxiqué, je vérifie les mails arrivés dans ma messagerie toutes les cinq minutes, même en réunion. Quand je vais au bureau le matin, il m'arrive aussi – je me déplace à vélo – de profiter des feux rouges pour jeter un œil aux nouveaux messages. Bien sûr, ce n'est pas un tic d'agriculteur ou d'artisan, mais je pense que de très nombreux employés du tertiaire ont été gagnés par cette manie, qui se mue chez certains en véritable dépendance. Or, nous avons passé ce jour-là plus de six heures ensemble, le dialogue ayant été suivi d'un dîner, sans qu'à aucun moment Peter, qui siège au comité de direction de plusieurs dizaines de sociétés et préside Clarium Capital, un énorme fonds d'investissement dans les nouvelles technologies qu'il a créé, ne fasse même mine de regarder son téléphone portable. J'ai fini par comprendre qu'il avait quelque part un ou plusieurs « valets d'Iphone ». Non, j'ai l'air de plaisanter, mais c'est à cela qu'on reconnaît les vrais boss : ils ont des assistants qualifiés qui gèrent leurs communications. Si bien qu'eux-mêmes sont dégagés du diktat de l'interaction permanente, qu'ils ont du temps pour être là, pleinement présents à la situation, pour converser, conceptualiser, analyser, inventer, que sais-je… Le luxe suprême aujourd'hui est de disposer d'un temps non séquencé, linéaire. Comme tout un chacun autrefois.

Quelle est la chose que vous tenez pour absolument vraie, mais avec laquelle très peu de gens seraient d'accord ?

C'était, nous a expliqué Peter, l'une de ses questions préférées, qu'il adorait poser à chaque nouvel interlocuteur. Car c'est une demande très difficile. Si vous êtes capable d'y répondre, cela signifie deux choses. Premièrement, que vous avez du courage, parce que vous allez émettre un énoncé avec lequel l'autre sera probablement en désaccord. Deuxièmement, que vous êtes capable de penser par vous-même.

Cette manière d'entrer en matière était, également, révélatrice du caractère de Peter. Il a développé un peu sa vision du monde dans un court essai intitulé *Zero to One*, « De zéro à un ». Selon lui, la mondialisation et la technologie suivent deux logiques différentes. La mondialisation est horizontale et procède par réplication : il existe un prototype de téléphone portable, puis cent appareils, puis cent millions, puis six milliards. La mondialisation progresse ainsi *de 1 à n*, et le pays qui excelle dans cette dynamique de réitération est le principal manufacturier du monde, la Chine. Mais la technologie avance de manière différente, à coups d'idées nouvelles, d'inventions. Elle est verticale et permet le passage *de 0 à 1*. Il n'y avait pas d'ascenseurs. Otis en a conçu un. Telle est la rupture apportée par l'innovation. C'est pourquoi Peter nous a expliqué qu'il ne s'enthousiasmait que pour la technologie : il n'a jamais investi dans les industries lourdes, mais seulement dans les start-up, car seules des structures légères, sans bureaucratie, animées par quelques cerveaux jeunes et agiles, sont capables de produire le saut qualitatif, de décrocher cet eurêka tellement euphorisant. Cohérent avec lui-même, Peter cherchait à extraire, chez tout interlocuteur, les idées non conventionnelles : n'étant pas décalquées sur un discours dominant, n'ayant pas encore été répétées au point de devenir des clichés, celles-ci sont parfois susceptibles de provoquer le différentiel positif, l'étincelle créatrice qui illuminera la pénombre de la morne plaine démocratique.

Au cours de notre entretien, Peter n'a, de son côté, pas cessé d'émettre des idées pénétrantes mais avec lesquelles la plupart des gens seraient en désaccord.

Par exemple, il s'est mis à nous expliquer que le capitalisme était incompatible avec la compétition. En effet, quand une activité est très compétitive – la restauration dans le centre de Paris –, les entreprises présentes sur le marché pratiquent la guerre des prix, de telle façon qu'elles réduisent leurs marges et n'accumulent guère de capital. Si l'on définit le capitalisme comme un système où l'investisseur peut prétendre, à partir d'une mise initiale, récolter rapidement une grosse quantité de capital, ce n'est le cas qu'en situation monopolistique : c'est parce que Google détient un quasi-monopole dans le domaine des moteurs de recherche que sa capitalisation atteint aujourd'hui trois cent soixante-dix milliards de dollars, c'est parce que Facebook a le quasi-monopole du réseau social que sa capitalisation est de deux cent vingt-trois milliards, c'est parce qu'Amazon a le quasi-monopole de la vente de produits neufs sur Internet que sa capitalisation est de cent soixante-quinze milliards, etc. Un capitaliste conséquent doit donc fuir ce qui ressemble de près ou de loin à une situation concurrentielle et essayer de s'emparer d'une niche, où il prospérera seul.

Autre paradoxe : Peter Thiel s'est mis à se plaindre que nous vivions une période de fort ralentissement du progrès technique. Depuis l'invention du premier téléphone portable en 1983, rien de significativement neuf n'avait été, selon lui, découvert. Internet existait déjà avant le Web. Nous n'avons plus trouvé quelque chose d'aussi extraordinaire que l'énergie atomique ou la voiture à essence et n'avons pas réussi un nouvel exploit comme de voyager vers la Lune. C'est pourquoi, de 1983 à 2014, l'humanité venait de traverser une des périodes les moins imaginatives de la modernité, a constaté Peter avec regret.

Ce goût du paradoxe rendait sa pensée parfois ardue à suivre – pourquoi donc ce magnat des nouvelles technologies banalisait-il la portée du Web ? Ces acrobaties rhétoriques, pour être spectaculaires, n'en étaient pas moins un peu gratuites. Personnellement, j'ai tendance à me méfier des raisonnements *trop spéculatifs pour être exacts.*

La conversation a duré ainsi, tout l'après-midi... À neuf heures et demie du soir, alors que nous avions fini de dîner et que nous avions partagé une bouteille de Bordeaux, Peter continuait à tenir des discours brillantissimes et contre-intuitifs sur la manière dont la Banque centrale européenne avait géré la crise financière de 2008. De temps à autre, mes collègues et moi, nous nous lancions des coups d'œil inquiets : il ne s'arrête donc jamais, ce mec ?

Pour des hommes de la trempe de Peter, le Web n'est déjà plus intéressant. Le réseau a vingt-cinq ans, c'est un dinosaure. Ce n'est pas de ce côté-là que s'effectueront les prochaines percées, que pousseront les prochains monopoles. Cette technologie a réussi aussi bien qu'on pouvait l'espérer, mais il faut désormais regarder ailleurs. Si l'on veut conserver une longueur d'avance sur ce qui va se produire au cours du XXIe siècle, il est indispensable de changer de niveau, de décaler la perspective.

Dans les deux décennies qui viennent, nous allons voir débouler dans les magasins pléthore d'objets connectés – des montres, des machines à laver, des voitures... Certains gagneront de l'argent avec ces marchandises et ils seront bien sûr très contents d'eux-mêmes. Mais il n'y a rien de neuf à glaner sous ce soleil-là ; l'« Internet des objets », comme on l'appelle, n'est qu'une extension prévisible des usages du wi-fi et de la carte SIM. « Les prochains Larry Page et Serguei Brin ne créeront pas un moteur de recherche. Et le prochain Mark Zuckerberg ne créera pas un réseau social. Si vous copiez ces gars-là, c'est que leur exemple ne vous a rien appris », prévient Peter Thiel dès la première page de *Zero to One*. Non, la prochaine innovation véritable, si l'on se fie à l'intuition de Peter et de ses amis les boss de fin du monde, sera le « reliement » de l'homme à la machine. Et il est un concept qui aide à penser ce nouveau cap : celui de *singularité technologique*. Il est au centre des recherches pionnières actuelles, sert de point de mire aux jeunes ingénieurs de la Silicon Valley. La singularité technologique représentera, à les en croire, le stade achevé de la connexion.

Mais d'où sort ce terme bizarre et que signifie-t-il ?

L'expression de « singularité technologique » a été employée pour la première fois par un certain Vernor Vinge, qui est à la fois professeur de mathématiques à l'université de San Diego et auteur de romans de science-fiction à succès. Il l'a définie dans une communication qu'il a prononcée lors d'un colloque organisé par la NASA, en 1993. En détournant le vocabulaire de la physique, et plus précisément de la théorie de la relativité générale qui décrit les trous noirs comme des « singularités gravitationnelles » – c'est-à-dire des objets d'une densité qui tend vers l'infini, au voisinage desquels les lois de Newton ne s'appliquent plus –, Vinge a prédit qu'un événement majeur allait bientôt survenir, dans les parages duquel les lois de l'Histoire seraient abolies. À quoi ressemblera cet événement, « d'une importance comparable à l'apparition de la vie humaine sur Terre » ?

C'est simple : nous allons, de façon imminente, c'est-à-dire avant 2030 selon Vinge, « créer au moyen de la technologie une entité plus puissante que l'intelligence humaine ». Comment aboutirons-nous à ce résultat ? Ce n'est pas encore décidé, plusieurs scénarios sont envisageables, explique Vinge. Il est possible que les ordinateurs dépassent prochainement l'intelligence humaine, ou bien que le réseau « s'éveille » et qu'il soit le support d'une conscience unifiée et globale. Mais on ne peut pas exclure non plus que cette entité soit un hybride, un mélange de biologie et d'ordinateur, ni que l'homme agisse sur le fonctionnement de son cerveau afin d'augmenter ses capacités cognitives.

Dans tous les cas, l'apparition de cette entité super-intelligente aura un impact direct sur le cours des événements. Il s'agira de la dernière machine inventée par l'humanité. Celle-ci créera les machines ultérieures et assurera la suite du progrès technologique, qui va donc s'accélérer. Elle prendra également les décisions de régulation globale – des flux financiers, du commerce, des transports. C'est pourquoi, avec la singularité, nous entrerons dans une ère post-humaine.

Ces annonces datent de 1993, cependant le concept de singularité technologique n'a été popularisé que douze années plus tard, en 2005, par le best-seller de Ray Kurzweil *Singularity is near*, «La singularité est proche». Informaticien, inventeur surdoué détenteur de nombreux brevets, futurologue autoproclamé, Kurzweil a été engagé par Google comme directeur de l'ingénierie.

À titre personnel, il livre un combat sans merci contre le vieillissement. Dans un passage de son essai, il confesse avaler près de deux cent cinquante pilules par jour. Je ne résiste pas au plaisir de le citer : «Pour stimuler la production d'antioxydants et la santé générale, je prends une combinaison complète de vitamines et de minéraux, de l'acide alpha-lipoïque, de la coenzyme Q10, des extraits de pépins de raisin, du resvératrol, de la silymarine (du chardon Marie), conjugués avec de l'acide linoléique, de l'huile de primevère vespérale (qui contient un acide gras polyinsaturé oméga-6), de la N-acétylcystéine, du gingembre, de l'ail, de la L-carnitine, du pyrodoxal-5-phosphate et de l'échinacée. Je prends aussi les herbes chinoises prescrites par le docteur Glenn Rothfeld. Pour réduire la résistance à l'insuline et surmonter mon diabète de type 2, je prends du chrome, de la metformine (un puissant médicament contre le vieillissement et la résistance à l'insuline, que nous recommandons à toute personne âgée de plus de cinquante ans) et du gymnema sylvestre...» Ce délire hypocondriaque court sur plusieurs pages.

Un collègue à qui je l'ai fait lire m'a fait cette remarque : Avec ça, s'il meurt avant soixante-dix ans, il aura l'air con. Raymond Kurzweil est né en 1948, il ne nous reste donc plus qu'à guetter sa nécrologie dans le journal. Quand j'étais enfant, j'ai été marqué à vie par une interview de Michael Jackson dans le journal *Actuel*, je crois d'ailleurs que c'est le premier article de presse que j'aie lu : le roi de la pop expliquait qu'il dormait dans un caisson à oxygène et qu'il avait choisi l'année de sa mort – 2122, si ma mémoire est exacte. Quant à Kurzweil, son comportement est assez représentatif de l'état d'esprit des transhumanistes, qui essaient de croiser l'apport des médecines parallèles et de la diététique pour atteindre une longévité de tortue.

Mais revenons aux thèses de son ouvrage : comme souvent les écrivains américains à succès, Kurzweil s'efforce d'embrasser de généreuses périodes de temps, de raconter une *big story*. C'est pourquoi il retrace l'évolution de l'univers depuis son origine connue, en la découpant selon une série de séquences auxquelles il donne un nom de son cru : selon lui, il y eut d'abord «l'époque de la physique et de la chimie», qui va du Big Bang jusqu'à l'apparition de la vie sur Terre; cette dernière marqua l'entrée dans l'«époque de la biologie et de l'ADN», où la vie a pris son essor sur notre planète; puis il y eut «l'époque des cerveaux», où des organismes complexes doués de conscience ont émergé, suivie par «l'époque de la technologie», commencée avec l'apparition des premiers outils au Néolithique. Or, selon ce schéma providentiel et fortement anthropocentré, nous serions au seuil d'un cinquième stade, qui débutera vers 2045. Alors, nous entrerons dans «l'époque de la fusion entre la technologie et l'intelligence humaine».

Les conséquences en seront spectaculaires. Dans cette ère post-singularité, l'humain se transformera en un être mi-biologique mi-informatique connecté au Web. Nous aurons la possibilité de nous rendre immortels, en téléchargeant notre conscience sur un ordinateur. Si nous sommes méthodiques, nous n'aurons pas à craindre les pannes de courant, car nous pourrons rétablir après celles-ci un état antérieur du système. «Tout le problème de l'immortalité se résumera à ceci : il faudra être assez prudent pour faire des sauvegardes régulières.»

Ces affirmations audacieuses ont achevé de mettre la singularité technologique au goût du jour. Elle se trouve désormais au cœur de nombreux films de science-fiction – comme l'émouvant *Her* de Spike Jonze, où un humain tombe amoureux d'un logiciel intelligent, ou encore *Transcendance* de Wally Pfister, où Johnny

Depp joue le rôle d'un savant qui, juste avant de mourir, charge son cerveau sur un ordinateur. Mais il n'y a pas qu'au cinéma que l'idée fait florès. Dès à présent, de nombreuses start-up californiennes travaillent dans l'atmosphère d'utopie dépeinte par Kurzweil et tentent de confectionner cette entité super-intelligente, promise à gouverner les destinées mondiales.

À l'épicentre de ces initiatives, une curieuse institution, la Singularity University, organise des colloques et des séminaires, finance des programmes de recherche – c'est l'une de ces organisations typiques de la Silicon Valley, où des chercheurs universitaires de haut niveau et des investisseurs se rencontrent, nouent des dialogues informels et décident parfois de parier sur une idée en germe. Parmi les surdiplômés, en général âgés de moins de trente ans, qui gravitent autour de cette institution, il y a bien sûr des informaticiens spécialisés dans l'intelligence artificielle, mais au moins autant de biologistes et de médecins. Tous partagent la ferme conviction que c'est désormais autour des interfaces entre le corps humain et le réseau qu'il faut prospecter, que c'est de là que sortiront les avancées décisives du XXIe siècle. Ils ne se voient pas eux-mêmes comme des adeptes d'un gourou futurologue allumé, mais plutôt comme des éclaireurs. Parmi eux, quelques-uns découvriront une clé, déposeront un brevet qui les mènera à la richesse. On ne s'étonnera pas d'apprendre que l'université de la Singularité a été fondée par Ray Kurzweil. Ni que l'un de ses premiers et importants donateurs s'appelle Peter Thiel.

À peine ai-je compris l'importance des moyens engagés dans la quête de la singularité technologique, nouveau Graal, que j'ai recontacté Peter : si je faisais le voyage spécialement de Paris à San Francisco, serait-il d'accord pour m'aider à rencontrer des chercheurs et des entrepreneurs engagés dans cette quête ? Me donnerait-il quelques contacts pour entrer dans le *milieu* de la singularité ? La réponse de Peter – ou de l'un de ses valets d'iPhone – n'a pas tardé : il était d'accord.

J'ai aussitôt réservé un vol pour la côte Ouest.

7

T'es au courant qu'il y a des centaines de camps de concentration aux États-Unis ?

Philippe a prononcé ces mots d'un ton grave.

Hou là ! me suis-je dit. Voilà une sacrée entrée en matière. Ce soir, nous avons franchi le point Godwin avant même d'avoir entamé la conversation. Ça promet.

D'ailleurs, je n'étais pas le seul à réagir : à dix mètres derrière moi, dans notre salle à manger où elle était occupée à classer des photos, j'ai entendu Chiara émettre un rire nerveux. Elle se trouvait, heureusement, hors du champ de ma webcam ; je pense que Philippe n'aurait pas du tout été content de s'apercevoir qu'elle s'amusait de ses propos, il aurait pris cela pour une moquerie blessante. Il aurait même, probablement, refusé de poursuivre. J'ai fait signe à ma femme de se tenir tranquille, elle est partie pouffer dans la chambre.

J'ai serré la chair de mes joues entre mes molaires, afin que l'hilarité de Chiara ne s'empare pas de moi.

Sur l'écran de l'ordinateur, Philippe était toujours aussi calme, sérieux. Il n'avait rien remarqué. Il se tenait le visage légèrement incliné vers l'avant – dans cette attitude qui était autrefois réservée à la prière et qui est devenue typique de la conversation Skype.

En même temps, y a rien de nouveau sous le soleil. J'imagine que tu as entendu parler de l'ordre exécutif 9066, ratifié par Roosevelt le 19 février 1942.

À dire vrai… non, ai-je répondu, forcé de reconnaître mon ignorance.

Pas croyable, je me demande ce qu'ils vous enseignent dans vos grandes écoles. J'ai pas fait la fac, d'accord, mais j'ai dans l'idée qu'on vous a surtout bourré le mou. Après l'attaque de Pearl Harbor, les Américains se sont mis à redouter un débarquement des troupes nippones en Californie. Dans un cas pareil, ils se méfiaient de la réaction des immigrés japonais et de leurs descendants. Cette appréhension était légitime. Imagine, de nos jours, un débarquement de forces islamistes armées sur les plages de la côte d'Azur. Peux-tu prédire, toi, comment ça se passerait dans les quartiers à Marseille et dans le neuf-trois ? Est-ce qu'il n'y aurait pas des élans de solidarité, qui créeraient en plus du débarquement des poches d'insurrection ? Les Américains n'étaient pas prêts à courir le risque, aussi ils ont déporté les cent dix mille Japonais qui habitaient sur les rivages du Pacifique pour les expédier loin dans l'intérieur des terres. Ils les ont relégués dans des camps d'internement au fin fond du Montana, de l'Idaho, du Missouri, du Texas. Femmes, enfants, vieillards, personne n'y a coupé. Comme tu le sais, les Américains ont un côté cow-boy. Quand ils ont un ennemi, que ce soit Geronimo ou Ben Laden, ils ne font pas de cadeau. Pour justifier ces déportations, les médias ont diffusé un paquet de propagande raciste. «*A Jap's a Jap*», «un Jap c'est un Jap», c'était le slogan du lieutenant-général John L. Dewitt. C'est ce qu'il répétait quand on lui demandait pourquoi des citoyens nippo-américains de deuxième ou troisième génération étaient raflés. Interrogé par le Congrès, il a enfoncé le clou : «Il n'y a aucun moyen de connaître leur loyauté, a-t-il dit. Nous devons nous inquiéter sans cesse de la présence d'un Japonais chez nous, jusqu'à ce qu'il soit rayé de la carte.» Ils n'ont pas fait dans la dentelle, quoi. Mais bon, c'est de l'histoire ancienne désormais, il y a eu des procès et des indemnisations dans les années 1980; l'administration a fini par présenter des excuses. Un tas d'universitaires ont écrit leur thèse là-dessus. La blessure est refermée.

Malheureusement, il y a une question que les gens oublient de se poser : après la guerre, les camps de concentration, ils sont devenus quoi? Ont-ils été démantelés, ou bien reconvertis?

Je n'avais plus tellement envie de rire. Philippe a continué :

Avant de répondre, permets-moi de faire un détour. Tu sais ce que c'est qu'une loi martiale, pas vrai ? Les États-Unis en ont une, que tu trouveras dans la Constitution, article un, section neuf, je cite : « L'ordonnance de l'*habeas corpus* ne peut pas être suspendue, sauf en cas de rébellion ou d'invasion qui mettrait en danger la sécurité publique. » Maintenant, si les États-Unis décidaient de lever l'*habeas corpus* et d'instaurer la loi martiale, au niveau politique, comment cela se passerait-il ? Est-ce qu'on accorderait les pleins pouvoirs au président, comme en France ? Ou bien, est-ce qu'on transférerait le pouvoir exécutif à un état-major, à une junte militaire ?

Ce point fondamental est resté dans le vague jusqu'à une période récente, jusqu'aux années Reagan. Entre 1982 et 1984, alors qu'il hésitait à envahir le Nicaragua et que la tension internationale était à son comble, Reagan a considérablement élargi les prérogatives d'une petite agence d'État, la FEMA ou *Federal Emergency Management Agency*. De fait, si l'alerte rouge est donnée, c'est la FEMA qui est compétente pour suspendre l'état de droit, proclamer la loi martiale, relever le gouvernement élu de ses fonctions et, je te le donne en mille, remettre en marche les camps de concentration. Une enquête parue à l'été 1987 dans le *Miami Herald Tribune* a révélé que l'ancien directeur de la FEMA, un certain Louis O. Giuffrida, a planché sur un scénario catastrophe : on lui a demandé de planifier, comme ça, pour que la feuille de route soit prête, la déportation des vingt et un millions d'Afro-Américains, en cas de soulèvement des suprématistes blacks. Ce que je te raconte là n'est pas caché, ce n'est pas officiel non plus – disons que cela émerge de temps à autre dans le débat américain. Récemment, le congressiste Henry Gonzalez a balancé dans une interview : « La vérité est que, oui – nous avons des stands de provisions, et les plans sont prêts… Ainsi, on pourrait, sous prétexte de lutter contre le terrorisme, évoquer la possibilité d'arrêter des Américains et de les mettre dans des camps de détention. »

Le plan auquel Gonzalez faisait allusion est très détaillé, il date de 1984 et s'appelle Rex 84. Sympa encore, ce nom de code, non ? Il a un petit côté orwellien, qui n'est pas pour me déplaire. Rex 84 a été rédigé par le lieutenant-colonel Oliver North, qui siégeait alors au Conseil de sécurité nationale de la Maison-Blanche : en fait, l'emprisonnement des Noirs n'était qu'une des possibilités envisagées dans les années 1980, car North souhaitait que la FEMA soit aussi capable de déporter sur-le-champ de larges proportions de la population civile en cas d'« activités subversives ».

Bon, j'espère t'avoir convaincu que ce n'est pas du pipeau – les États-Unis sont la seule démocratie au monde où la logistique est prête pour parquer ou exterminer massivement la population du jour au lendemain, si le feu vert est donné.

Je hochais la tête. J'avoue qu'en moi, la perplexité le cédait maintenant à l'intérêt.

Pour savoir combien il y a de camps de la FEMA sur le territoire, tu n'as même pas besoin de te lancer dans une longue enquête : jusqu'à une période récente, tu tapais «*FEMA camps*» sur Google Maps et les sept cents sites apparaissaient. Ces camps sont en excellent état : grillages électrifiés, baraquements, sanitaires, cantine, mess des officiers, rien n'y manque et le tout est entretenu comme si cela devait servir demain matin. Je t'invite à te promener sur le Web : il y a plein d'Américains qui n'habitent pas loin d'un camp et qui se sont amusés à filmer qui un bout de grillage, qui un portail d'entrée, qui une portion de chemin de fer. Mais le plus effrayant arrive si tu fais une recherche avec les mots-clés «FEMA *coffins*», car tu verras leurs stocks de cercueils. Ces derniers ne ressemblent pas à la caisse en sapin de ton grand-père, ni même aux boîtes de zinc de l'armée russe, ce sont des barges de plastique noir, empilables, on dirait des bacs de jardinage. D'après les estimations des truthers, ces cercueils entreposés sur les camps de la FEMA seraient au nombre de cinq ou six millions, et Obama en a récemment repassé commande pour un montant d'un milliard de dollars. Tout se passe comme si les États-Unis, qui d'ordinaire traquent les dépenses publiques inutiles, s'attendaient de façon imminente à affronter une mortalité de masse. D'ailleurs, je n'invente pas l'expression, sur le site du Congrès tu consulteras le projet de loi HR 6566, « Planification de la mortalité de masse et considérations religieuses », en date du 28 décembre 2012 – il précise la marche à suivre en cas de désastre écologique ou d'attaque terroriste de très grande ampleur.

Tiens, et un autre fait dérangeant : pour le seul mois de mars 2012, le département de l'immigration et des douanes a passé commande de quatre cent cinquante millions de cartouches au fabricant ATK. Cette officine est chargée, normalement, d'assurer la sécurité de la frontière avec le Mexique – c'est du boulot, j'en conviens, mais quand même cette commande ne te paraît pas un peu surdimensionnée ? Ce n'est pas la seule, il y en a eu bien d'autres ces dernières années. D'après ce que je sais, les Mexicains ne s'apprêtent pas à envahir les States. Je demande donc : ils nous préparent quoi, les mecs, avec leurs sept cents camps de concentration en état de marche, leurs six millions de cercueils en plastoc et leurs milliards de cartouches neuves ? C'est quoi, le schmilblick ? *What's the point ?*

Ces derniers éléments donnés par Philippe soulevaient un écho en moi ; cela me rappelait des articles que j'avais lus dans la presse, qui citaient des chiffres faramineux pour la production de munitions aux États-Unis. Ainsi, je savais que l'industrie de l'armement américaine fabriquait entre sept et dix milliards de cartouches annuellement, soit de quoi abattre la totalité de la population mondiale. Sans évoquer le spectre d'un prochain génocide, de tels ordres de grandeur ont de quoi donner le tournis.

J'ai ma petite idée, a lancé Philippe. Ouais, j'ai carrément un début d'explication, mais j'espère que t'as le cœur bien accroché.

Pour que tu comprennes ce qu'il va se passer dans les prochaines années, il faut que je fasse un flash-back et que je te raconte une histoire.

Un vendredi de juin 1979, dans une ville paumée de Géorgie, Joe Fendley, patron d'une entreprise de taille de pierres, la Elberton Granite Finishing, voit arriver dans son bureau un élégant monsieur qui se présente sous le nom de Robert C. Christian – difficile de ne pas repérer dans ce pseudo une allusion à Christian Rosenkreutz, le fondateur de l'ordre des Rose-Croix, mais là j'extrapole, tenons-nous-en strictement aux faits. Ce vieux monsieur tiré à quatre épingles explique posément qu'il voudrait faire ériger, sur un terrain dont il deviendrait propriétaire dans la région, six blocs de granit gris de six mètres de haut, disposés un peu comme les monolithes de Stonehenge, de telle façon qu'aux solstices et aux équinoxes, le soleil se lève dans la fente de la pierre centrale. Évidemment, tu devines la réaction de Joe Fendley : il prend son visiteur pour un doux dingue, mais hésite à le chasser, car il est quand même très bien habillé et s'exprime dans un anglais raffiné. Aussi, il l'envoie chez un banquier de sa connaissance, Wyatt Martin, directeur de la Granite City Bank – je précise qu'Elberton est la capitale mondiale du granit, toute la vie économique du bled repose sur cette activité. Après quelques vérifications, il apparaît que Robert C. Christian est plus que solvable. Il signe avec Wyatt Martin un accord de confidentialité et ce dernier lui ouvre un compte pour financer la construction du monument.

Les sommes qui ont été virées à la Granite City Bank provenaient d'une dizaine de comptes de dépôt, tous ouverts à des noms différents et dispersés sur l'ensemble du territoire américain – ainsi, nul ne pourra jamais remonter à l'identité véritable de Robert C. Christian. Ce qui est par contre certain, c'est que Wyatt Martin a encaissé la somme nécessaire, que la Elberton Granite Finishing a été payée, que l'ouvrage a été achevé et que les Georgia Guidestones, qui se dressent aujourd'hui encore dans le comté d'Elbert, sont un des monuments les plus visités de cette partie des États-Unis.

Mais je ne t'ai pas encore annoncé le meilleur : sur ces pierres, dix commandements sont gravés en huit langues, l'anglais, le russe, l'hébreu, l'arabe, l'hindi, le chinois, l'espagnol et le swahili. Et le premier de ces commandements est le suivant : « Maintenez l'humanité en dessous de cinq cents millions d'individus en perpétuel équilibre avec la nature. » Le dixième commandement conclut, dans la même veine : « Ne soyez pas un cancer sur la Terre. Laissez de la place à la nature. Laissez de la place à la nature. »

Est-ce que tu connais la blague à la mode chez les écolos ? Voilà, deux planètes se rencontrent. L'une d'elles se plaint : Aïe, j'ai mal, c'est terrible, j'ai attrapé une saloperie, ça me démange... Je ne sais pas ce que j'ai.

L'autre rétorque : Ah, mais moi, je sais ce qui t'arrive. T'as chopé l'humanité. Je l'ai eue aussi. Ne t'inquiète pas, ça part tout seul !

Maintenant, j'aimerais que tu essaies de rassembler les membres épars d'Osiris, comme on dit dans les rituels initiatiques. Il est temps que tu reprennes les indices que je sème comme des cailloux blancs depuis le début de nos conversations, et que tu refasses toi-même le parcours : l'arme HAARP qui provoque des tremblements de terre, la diffusion de produits stérilisants dans l'atmosphère, les politiciens qui se réunissent dans des forêts de séquoias millénaires pour célébrer des rites babyloniens, l'existence d'un gouvernement mondial caché, d'une élite qui se partage les prébendes, les centaines de camps de concentration prêts à entrer en action aux États-Unis, les millions de cercueils en attente, les stocks de cartouches faramineux, et bien sûr les Georgia Guidestones, érigées sur les ordres d'un inconnu qui s'est rendu à Elberton, aussi longtemps qu'a duré le chantier, en jet privé, avant de s'évanouir sans laisser de traces... Est-ce que cela ne commence pas à dessiner une image d'ensemble ? Non, tu n'oses pas réaliser ce qui va nous arriver ?

Comme tu l'as lu dans les journaux, un pour cent de l'humanité détient d'ores et déjà la moitié de la richesse mondiale. Il n'en allait même pas ainsi au temps des rois. Quelle est l'étape suivante ?

Ça y est, tu piges ?

Oui, le processus que nous vivons actuellement, et que ces salopards appellent la mondialisation libérale, n'est en fait que la mise en place insidieuse et progressive d'un programme de sélection drastique. Non seulement ils ont réussi à confiner la plupart des habitants de la Terre dans la misère, à les priver de pouvoir, mais ils vont les stériliser et les anéantir. Le processus a déjà débuté et il est irréversible.

Mais voilà que Philippe s'est mis à prendre une voix inquiétante de robot. Ses gestes se sont ralentis, figés. Son visage s'est pulvérisé en petits carrés immobiles. Ma connexion Skype avait planté.

Avec une pensée envieuse pour les compétences techniques de Julian, qui lui avaient permis d'établir à Ellingham Hall une liaison avec la côte Est des États-Unis stable pendant plus de deux heures, je me suis résigné à redémarrer le logiciel qui venait de me jouer ce tour.

Pourtant, a repris Philippe, la carte est encore incomplète, car il manque une info essentielle : où est l'éden ? En d'autres termes, si on est à la veille d'une période de troubles durant laquelle plus des neuf dixièmes de la population planétaire seront annihilés, où iront se réfugier les élus pour échapper aux cataclysmes, aux massacres, aux épidémies qui embraseront le monde ? J'ai mis du temps à le découvrir, mais maintenant je suis parvenu à une certitude.

Dans cette enquête-là, j'ai perdu pas mal de mois, parce que j'ai voulu faire copain copain avec une héritière paumée de la famille Rockefeller, une nana de vingt-huit ans très sympa. Elle était plutôt éloignée des instances dirigeantes de la famille, et surtout du fameux, de l'increvable David Rockefeller, qui approche des cent ans et qui siège au Bilderberg, dans la Commission trilatérale, dans les conseils suprêmes de la franc-maçonnerie, au Bohemian Club et dans toutes les sociétés secrètes que tu peux imaginer – mais je supposais qu'elle devait savoir quelque chose, aussi j'ai gagné sa confiance. Je l'ai approchée en me faisant passer pour un journaliste des médias *mainstream*, en train de réaliser un documentaire sur les mœurs des *beautiful and famous*. Et puis, au fil de nos rendez-vous, je lui ai avoué que je savais qu'il existait un plan eugéniste pour la planète. Elle aussi était au courant, évidemment. Alors, j'ai tiré sur la corde sensible :

Écoute, on s'entend bien, j'ai une fille, c'est juste une enfant mais j'adorerais qu'elle puisse vivre, qu'elle atteigne ton âge, ce serait un immense bonheur pour moi. Est-ce que tu accepterais de me révéler l'endroit où il faudra se mettre à l'abri quand tout va péter, que la loi martiale sera instaurée ?

Elle avait l'air vachement embêtée, ce chantage affectif marchait à fond la caisse sur elle. Au bout d'un moment, elle a fini par me lâcher :

UAE.

Je lui ai demandé si elle pensait aux États-Unis d'Amérique, elle m'a fait signe que non, du menton. Si c'étaient les Émirats arabes unis, là elle a approuvé.

J'ai passé des semaines à tenter de vérifier ce début de piste, à me renseigner sur Dubaï et les pétromonarchies – mais la gamine m'avait baratiné, son tuyau ne valait rien. Je n'étais qu'un tocard à ses yeux, elle n'allait tout de même pas me dire où se trouve le grisbi.

Entre-temps, je suis tombé sur une information intéressante, qui corroborait le reste : dans l'archipel du Svalbard, au-dessus du cercle polaire, sur l'île du Spitzberg qui appartient à la Norvège, nos mondialistes ont construit une arche de Noé des graines. Ils ont creusé directement dans le permafrost, puis dans le grès, pour s'enfoncer à plus de cent vingt mètres sous terre. Là, ils ont aménagé des chambres de stockage. Cette construction dingo a été financée, entre autres, par le semencier Syngenta, les fondations Rockefeller et Bill Gates.

L'idée, c'est d'y entreposer des centaines de milliers de graines naturelles, non modifiées génétiquement. Ainsi, en admettant que la Terre subisse une apocalypse végétale, il sera possible de la faire fleurir à nouveau. Dans cette arche enterrée, des frigos maintiendront la température à moins de trente degrés Celsius – mais, même en cas de panne de courant prolongée, le mercure ne devrait jamais remonter au-dessus des trois degrés. Si tout se passe bien, ces graines resteront utilisables pendant plusieurs milliers d'années. C'est marrant, parce qu'un jour, ici à Asunción, j'ai rencontré un ancien ouvrier du bâtiment, qui se rappelait avoir participé à la construction d'une piste d'atterrissage maousse et d'un bout d'autoroute sur le Spitzberg. Comme la principale localité de l'île, Longyearbyen, compte moins de deux mille habitants, et qu'il n'y a presque pas de parc automobile, il se demandait bien à quoi devaient servir ces infrastructures très coûteuses, puisqu'ils ont ramené les bulldozers, m'a-t-il raconté, par hélicoptère. Je lui ai dit : Cherche pas ! et je lui ai parlé de l'arche. C'est le trésor de l'humanité à venir, la clé de la survie de l'espèce qui est fourrée là-bas, rien de moins.

L'archipel du Svalbard, je connaissais. Tout en écoutant Philippe, je me rappelais y avoir voyagé dernièrement. Le bateau de tourisme sur lequel je me trouvais a fait escale à Longyearbyen. Réveillé de bonne heure, je suis allé me promener seul dans la baie. Je me souviens avoir longé les rails d'une mine désaffectée ; les wagonnets servant à véhiculer le minerai n'avaient même pas été enlevés, ils rouillaient sur place depuis presque un siècle. Au-dessus du cercle polaire, on ne se donne pas la peine de démanteler une installation une fois qu'elle est hors d'usage ; on l'abandonne. Ensuite, j'ai escaladé des éboulis de roches grisâtres. L'ascension était brève, mais âpre. Arrivé en haut de la montagne dominant la petite agglomération, j'étais sur un plateau. Il n'y avait pas de chemin, mais j'ai continué à avancer ainsi, jusqu'au front des neiges. Ce lieu était impressionnant. Nous étions fin juillet, à faible altitude – trois ou quatre cents mètres, pas plus. Et le manteau de glace était épais, qui scintillait dans la lumière du matin. Il traçait une frontière, un *limes* infranchissable. Sans raquettes, impossible d'avancer plus loin. Et d'ailleurs, pourquoi se donner cette peine ? Il n'y avait ni pistes de ski, ni refuge, ni rien. Au-delà, ce n'était que le grand Nord, une étendue hostile et invivable. Une image de ce que pourrait être notre planète, si elle était inhabitée. Il y a peut-être des paysages de ce type sur les planètes froides de notre système solaire, Neptune ou Uranus... Cette couche de neige n'était pas une invitation à la promenade, mais une métaphore de l'éternité. Elle dégageait une brume de givre légère, dans laquelle jouaient les rayons du Soleil. Je suis resté là une dizaine de minutes, à contempler la mort.

Puis j'ai rebroussé chemin. Revenant vers les habitations, alors qu'il me fallait brandir un bâton au-dessus de ma tête pour parer aux attaques en vol piqué des sternes, ces oiseaux agressifs au bec pointu comme une aiguille qui ont trop vu Hitchcock, j'ai rencontré un groupe scolaire qui partait en balade. Les enfants se tenaient la main, deux par deux. Les maîtresses transportaient, en bandoulière, de lourds fusils. Je leur ai demandé pourquoi elles avaient ces armes, elles m'ont répondu que les environs étaient infestés d'ours blancs rendus furieux par la faim – le changement climatique perturbe leurs pêches. Elles recommandaient de ne pas quitter la route. Cela ne m'était même pas venu à l'esprit, lorsque j'étais là-haut, à regarder la neige… Mais pour revenir au récit de Philippe, je me souviens effectivement d'avoir été impressionné par les dimensions des débarcadères de Longyearbyen, ainsi que par la largeur de la brève bretelle de route allant au village, large comme une *highway*. J'avais mis cela sur le compte de l'hostilité de cette région du monde : cernés par de telles puissances naturelles, les hommes sont obligés d'opter pour des constructions robustes. J'ignorais que cette localité détenait l'assurance écologique de l'humanité.

Pourtant, a dit Philippe, ce n'est pas au Spitzberg que se trouve le bunker dans lequel ces Messieurs Rockefeller, Gates et autres Bilderbergers courront s'abriter quand tout va péter. J'ai retrouvé la piste de leur refuge loin de ces latitudes, à force de persévérance, quand j'ai commencé à m'intéresser à l'aéroport international de Denver.

Denver, comme tu le sais, est la capitale du Colorado. Pour les États-Unis, il s'agit d'une ville plutôt modeste – six cent mille habitants. C'est un peu plus grand que Lyon, pour te donner un point de comparaison. Faut dire que le Colorado est un coin plutôt paumé, avec des steppes semi-désertiques dans lesquelles furent tournés jadis des westerns. Malgré cela, l'aéroport de Denver, avec ses mille trois cent quarante kilomètres carrés, est le plus grand des États-Unis en superficie et le deuxième au monde après celui du roi Fahd en Arabie Saoudite. Il a été inauguré en 1995 et a coûté trois milliards d'euros – le plus curieux, c'est que Denver possédait déjà, à l'époque, le Stapleton International Airport, qui marchait à merveille et n'était nullement saturé.

Quand tu arrives en voiture à l'aéroport de Denver, tu es accueilli par la statue d'un cheval dressé sur ses pattes arrière, de dix mètres de haut. Le corps du cheval est bleu et, la nuit, ses yeux s'illuminent pour devenir rouges – on se croirait dans un film d'épouvante. Lors du transport de la sculpture, les câbles qui la fixaient se sont desserrés et le sculpteur, Luis Jiménez, a été blessé mortellement. J'imagine que tu connais l'Apocalypse de Jean : quatre cavaliers surgissent, le dernier d'entre eux est monté sur « un cheval d'une couleur pâle », c'est la Mort. Ils reçoivent leur ordre de mission : « On leur donna pouvoir sur le quart de la terre, pour exterminer les hommes par l'épée, par la famine, par la maladie et par les bêtes sauvages. »

Mais c'est pas tout : dans l'aéroport, tu peux voir de vastes fresques en style chicano peintes par Leo Tanguma, qui représentent des tueries. Je t'assure, y a de quoi faire cauchemarder tes gosses à plein tube si un jour il te vient l'idée saugrenue d'aller passer des vacances en famille dans le Colorado. Sur ces fresques, il y a des gens apeurés qui se blottissent contre des animaux morts, des incendies, des fumées et des brouillards phosphorescents, et un gigantesque soldat en uniforme kaki, portant un masque à gaz, brandissant dans sa main gauche une kalachnikov et tenant dans sa main droite un cimeterre avec lequel il trucide la colombe de la paix. Et puis, sur un autre panneau, on montre une foule d'enfants et de bêtes bien vivants en adoration autour d'une fleur multicolore qui vient d'éclore. Tu saisis ? Cette peinture-là, la seule note d'optimisme dans le cycle atroce de Tanguma, raconte la renaissance de la nature après la période des massacres – voilà une allusion au rôle de l'arche de Noé des graines.

Mais le meilleur reste à venir : plusieurs de mes collègues truthers ont signalé qu'il y avait eu une anomalie lors de la construction de l'aéroport. En effet, nous avons la certitude que, pendant celle-ci, cent dix millions de mètres cubes de terre ont été déplacés. Pour te fournir un élément de comparaison, la grande pyramide de Khéops en Égypte a un volume de deux millions de mètres cubes. Que s'est-il passé ? Qu'ont-ils creusé là-dessous ? Le directeur de l'aéroport de Denver, quand les truthers ont commencé à poser ces questions avec insistance, a invité une équipe de reporters à descendre dans certains souterrains de l'aéroport et il a donné une explication bidon : il a prétendu que les architectes avaient prévu d'installer un système d'acheminement automatique des bagages sous terre, que les tunnels avaient été creusés, et puis que, finalement, ben non, ils avaient changé d'avis.

D'après les informations que j'ai pu recueillir, il y a sous l'aéroport un centre de transit de huit étages, relié par des tunnels de deux cents kilomètres de long à des installations géantes situées sous les montagnes du Colorado.

En effet, dans la chaîne des Cheyenne, un gigantesque bunker a été aménagé entre 1961 à 1966, pour disposer d'une base de repli en cas d'attaque nucléaire de l'URSS. Depuis, le bunker de la NORAD, c'est son nom, n'a pas été mis hors service. Son entretien emploie, à l'heure où je te parle, plus de deux cents personnes. Sa superficie est supérieure à deux hectares et sa porte principale, en plomb, pèse vingt-cinq tonnes.

À l'intérieur, tu as tout ce qu'il faut, des chambres, une cafétéria, une pharmacie, une infirmerie, une salle de fitness, un salon de coiffure…

Voilà où ils se cacheront, les puissants de ce monde, quand nous serons exterminés.

Je sais que tu as des enfants. Mais ni toi ni moi, nous n'aurons le temps de rallier Denver quand les événements éclateront. Et même si nous y parvenons, nous serons refoulés par des militaires.

Désolé, Alexandre. Pour vivre heureux, il y a des choses qu'il vaut mieux ignorer.

Maintenant, toi aussi, *tu sais*.

En me lançant dans la mise en forme des discours de Philippe, je me suis beaucoup demandé, je l'avoue, comment reprendre la parole après un truther. Si j'entreprends de démonter ses arguments l'un après l'autre, je tombe dans son piège, je montre par là que je souhaite défendre la version officielle des événements, que je suis un gardien de l'orthodoxie médiatique et donc – fatalement – que je sers les intérêts de l'élite.

Pendant un temps, j'ai envisagé de laisser un silence, de n'ajouter aucun commentaire à la relation des affirmations de Philippe, afin de laisser le lecteur se forger sa propre opinion. Mais ce serait démissionner de mon rôle. Après tout, lorsqu'on invite des gens à dîner, ce n'est pas pour leur présenter un poulet cru, des pommes de terre non épluchées, et leur enjoindre à préparer eux-mêmes le plat. Il en va de même dans un livre : pas question de fournir les aliments à l'état brut, sans les cuisiner.

Alors, que dire ?

Quand j'étais enfant, je faisais collection de pierres. Quand je me promenais dans le square voisin de chez moi, j'avais toujours les yeux à terre. Si une pierre me plaisait, je la ramassais et la posais sur un rayonnage spécial de mon étagère en pin. Mes trouvailles étaient orangées, roses, bleues, irisées… J'avais l'impression d'accumuler, petit à petit, d'inestimables trésors. Plus tard, je suis retombé sur ces pierres entassées au fond d'un sac : ce n'étaient que des silex et des morceaux de calcaire. Parfois, il y avait un bout de pouzzolane ou de minerai de fer. Aucune rareté minéralogique. J'avais récolté du gravier.

Aujourd'hui, je vois dans cette manie enfantine une expression de cette tendance assez spontanée que l'érudit français Charles de Brosses a décrite, au XVIIIe siècle, en formant un mot nouveau promis à faire fortune, le *fétichisme* : les « fétiches divins, écrit-il dans *Du culte des dieux fétiches*, ne sont jamais autre chose que le premier objet matériel qu'il plaît à chaque nation ou à chaque particulier de choisir et de faire consacrer en cérémonie par les prêtres : c'est un arbre, une montagne, la mer, un morceau de bois, une queue de lion, un caillou, une coquille, du sel, un poisson, une plante, une fleur… » En se fondant sur des récits d'explorateurs revenus d'Afrique, Charles de Brosses a conclu que les autochtones avaient la passion de choisir dans la nature un objet qui leur plaisait et de lui prêter des propriétés magiques, de lui vouer un culte. Le fétichisme est donc cette opération qui consiste à isoler un fragment du réel et à s'imaginer qu'il recèle un pouvoir secret, qu'il s'agit d'une clé nous ouvrant un monde invisible. Je passais des heures à rêver en contemplant mes cailloux…

La démarche de Philippe s'apparente à une sorte de *fétichisme de l'information*, à la fois très contemporain dans sa forme et archaïque dans son ressort psychologique. Le truther est quelqu'un qui, au cours de ses navigations sur le Web, tombe ici et là sur un élément surprenant, qui le séduit ; à partir de là, il se met à accorder du prix à sa trouvaille, la polit et y revient sans cesse avec amour, et finit par échafauder autour d'elle un récit légendaire.

Suivant la recommandation qu'il m'avait faite à l'orée de nos échanges, j'ai mené ma propre enquête, j'ai pris la peine d'entrer profondément « dans la matrice ». Je me suis aperçu que la plupart des faits qu'il m'avait cités étaient vrais. Mais qu'ils n'avaient probablement pas les propriétés immenses et quasi surnaturelles qu'il leur prêtait. Ainsi, les Georgia Guidestones existent vraiment, et sur elles, on peut lire un commandement malthusien. Sont-elles les nouvelles tables de la loi, comme me l'a soutenu Philippe ? En admettant qu'une société occulte omnipotente ait pour but d'éliminer les neuf dixièmes de l'humanité, pourquoi aurait-elle gravé ce projet dans le granit, quelle publicité bizarre aurait-elle recherchée par là ? Et pourquoi annoncer ce projet dans le comté d'Elbert, timbre-poste perdu dans le sud des États-Unis ? De même, il y a une arche de Noé des graines au Spitzberg. Mais peut-on en inférer qu'une apocalypse végétale se prépare ? Le discours sur la FEMA est l'un des exemples les plus remarquables de la tendance à l'amplification du réel propre au fétichisme de l'information. Cette agence chargée de la gestion des situations d'urgence est entrée en action une fois au cours de ces dix dernières années, pour secourir les victimes de l'ouragan Katrina à la Nouvelle-Orléans. Elle a démontré en cette occasion son manque de professionnalisme et son impuissance. Sur le papier, elle est sans doute capable d'accomplir des tâches grandioses. Dans la pratique, elle est inefficace. Quant à y voir une junte militaire s'apprêtant à relever le gouvernement et le Congrès américains de leurs fonctions, ce n'est à tout le moins qu'une allégation.

En somme, un éclat de silex n'est pas un diamant.

À ce nouveau fétichisme, il est possible d'opposer une autre attitude, une manière radicalement différente d'utiliser le Web à des fins subversives, que je propose d'appeler le *prosaïsme de l'information*. Qu'est-ce, effectivement, que le *data journalism*, dont le site de Wikileaks offre une très belle illustration ? Il consiste à soumettre à l'intelligence du public des données brutes, sans aucune élaboration secondaire. Toute interprétation, tout effort de synthèse même sont déjà des déformations des faits. À l'heure où, sur les réseaux sociaux, le moindre événement un peu impressionnant entraîne aussitôt un déluge de commentaires exaltés ou irrationnels, où les dépêches d'actualité notables sont aussitôt converties en mythologies, le journalisme des données prescrit une cure d'ascétisme intellectuel ; il entend opérer un retour aux sources primaires, au réel brut. C'est pourquoi, alors que partisans de Wikileaks et les truthers ont en commun le goût de la contestation et une bonne dose d'hostilité à la politique américaine, leurs univers ne se croisent jamais ; les uns ne tiennent tout simplement aucun compte des publications des autres, ils s'ignorent mutuellement. Un Philippe et un Julian, s'ils se rencontraient, n'auraient rien à se dire.

Le prosaïsme de l'information pourrait-il être vu, à la limite et bien que ce ne soit pas là sa vocation initiale, comme un remède à la prolifération des théories du complot ? Pour ma part, j'en doute. En effet, proposer des données brutes, surtout si celles-ci sont chiffrées ou techniques, par exemple si elles ont trait au secteur bancaire ou à l'ingénierie militaire, c'est faire le pari que les internautes seront capables de les lire et de les interpréter. Ce qui est incertain. De plus, le *data journalism* aboutit à des résultats terriblement ennuyeux : il vous confronte à des listings de faits interminables et non hiérarchisés, tandis que les conspirationnistes offrent des récits avec des bons et des méchants, des rebondissements sensationnels, et ouvrent des voies pour l'imaginaire. D'un côté, la réalité telle quelle, dans son inerte banalité. De l'autre, des épopées qui brocardent férocement les puissants de ce monde. Vous préférez quoi, vous ?

La force d'attraction du fétichisme informationnel vient de ce qu'il parle immédiatement à notre âme d'enfant.

Mais là n'est peut-être pas encore l'essentiel. Le fétichisme, le fait de parer d'une puissance inouïe certains faits sélectionnés pour leur caractère insolite, n'est pas l'aspect le plus profond des théories du complot. Et ce n'est pas là que se situe ma principale divergence avec Philippe. Ce débat recouvre en fait un enjeu plus métaphysique.

Comme leur nom l'indique, les truthers sont en quête de vérité. En ce sens, ils partent d'un présupposé jamais interrogé, d'une croyance implicite : ils sont convaincus que quelque chose comme la *Vérité* existe, et qu'elle est cachée.

La caractéristique la plus frappante de la vision des choses de Philippe est son extrême cohérence : à l'écouter, depuis l'exécution de Jacques de Molay en 1314 jusqu'à nos jours, rien n'est jamais arrivé en vain ; tous les événements ont été planifiés, voulus, mis en scène en vue d'atteindre une fin dernière. L'Histoire n'est pas fortuite, mais dirigée par une entité secrète et unique, qui a sa propre logique et qui tire les fils de nos destins. Ce qui anime le truther, c'est moins une idéologie politique précise que cette foi, qu'il a chevillée au corps et dont il ne doute jamais, lui qui rejette tous les dogmes officiels. Les conspirationnistes ne se sont toujours pas remis de la mort de Dieu, annoncée jadis par Zarathoustra ; ils n'acceptent pas d'être précipités dans un monde absurde, chaotique, qui ne porte en lui-même aucune signification. C'est pourquoi ils tiennent tant à affirmer qu'il existe un *ordre mondial*. Contre le chaos apparent des phénomènes, ils proclament que les événements humains ont un sens accessible par la révélation. Comme des docteurs en théologie, ils prodiguent abondance d'arguments et de fioritures de toutes sortes ; leur récit est détaillé, architecturé. Leur but ? Obtenir votre conversion. Gare à vous si vous ne vous ralliez pas à leur foi, ils vous en voudront ! Si vous ne souscrivez pas à leur explication du monde, c'est que vous êtes dans le mauvais camp, déjà possédé par le Malin. Pour celui qui n'a de cesse de proclamer son adhésion à une foi, l'existence d'un agnostique constitue à elle seule un scandale.

Osez critiquer un conspirationniste, et il verra en vous un suppôt du mondialisme.

8

San Francisco a son microclimat. En été, une brume fraîche et grise envahit la ville. Peu après mon arrivée et en attendant de rencontrer les amis de Peter Thiel, je me suis baladé sur la plage la plus proche du Golden Gate Bridge. J'y ai découvert une profession saugrenue. Sur la fine bande de sable que l'eau saumâtre laissait à découvert, des *pet-sitters* promenaient des chiens, que leurs maîtres fortunés n'avaient pas le temps de sortir eux-mêmes. Ces *pet-sitters* étaient pour la plupart des femmes solides, aux mollets d'acier et à la voix rauque ; elles retenaient à chacun de leur poignet trois ou quatre laisses.

Plus loin, sur la marina, mon attention a été attirée par un bateau en bois vernis, avec une voile de drap déchirée. On aurait dit un sloop ; il avait peut-être été construit pour les besoins d'un film de pirates. Le nom du bateau me sauta aux yeux : SINGULARITY. C'était une coïncidence et ce n'en était pas une. S'il est vrai que la Californie est un monde à part, qu'elle a son propre microclimat spirituel, je dirais que son signe distinctif est le suivant : c'est une contrée où les gens s'efforcent de convertir les rêves en réalités, et y parviennent quelquefois.

Pour mon premier jour, l'équipe de la Thiel Foundation – qui gère les actions de Peter dans le domaine culturel, et dont la mission est de « promouvoir la liberté sous toutes ses formes » – m'avait organisé un dîner dans un restaurant français, La Jardinière, sur Franklin Street. Je devais y rencontrer quelques directeurs de programmes de l'université de la Singularité ; c'était une manière de faire mes premiers pas dans leur microcosme.

Malheureusement, dès le début de la soirée, je me suis senti rattrapé par le décalage horaire. Il était vingt heures trente lorsque nous avons terminé notre deuxième coupe de mousseux, mais mon métabolisme a commencé à me faire sentir que, pour lui, la demie de cinq heures du matin avait sonné. Un étau me serrait les tempes, j'en avais presque du mal à articuler. Incapable de soutenir un débat d'idées prolongé, j'ai décidé, l'épuisement me guettant, d'aller droit à l'argument névralgique. Oui, après tout, quelle était mon objection majeure au projet de la singularité – celle que j'avais vraiment envie de formuler tant que j'étais encore capable de m'exprimer à peu près clairement ?

Je me suis alors souvenu d'un passage de la communication de Vernor Vinge à la NASA qui m'avait empli d'effroi. Vinge se demande comment l'homme va, concrètement, se raccorder aux ordinateurs et aux réseaux, se relier aux machines afin d'accroître son intelligence. Il envisage plusieurs options. Par exemple, nous pourrions nous brancher un câble sur la moelle épinière, juste sous le cerveau. Ou encore, directement sur le nerf optique – qui a un débit honorable, d'un mégaoctet par seconde, précise Vinge, sans la moindre intention humoristique. Pour moi, il y avait là une barrière psychologique presque infranchissable. Est-ce que vous accepteriez qu'on vous implante, mettons, un port USB au milieu de la nuque ?

Je décidai de poser la question en ces termes aux convives, sans même attendre l'arrivée des hors-d'œuvre.

Bien sûr, je le ferais sans hésiter ! s'est exclamée une spécialiste des nanotechnologies.

À côté d'elle, un expert en intelligence artificielle, qui ressemblait à Quentin Tarantino avec cinquante kilos de plus, approuvait : C'est comme le raffut qu'il y a eu jadis autour des bébés éprouvettes. Après la première fécondation *in vitro*, les journalistes se sont précipités pour s'assurer que le bébé était normal. Et puis, la pratique s'est généralisée.

Les résistances aux innovations technologiques tombent à chaque nouvelle génération, a renchéri la spécialiste des nanos. Ce qui est encore difficile à admettre pour vous paraîtra tellement évident à vos enfants !

J'avoue que, même si le pinot noir californien servi à cette table était excellent, délicatement fumé avec des notes de cassis et de gingembre – encore un motif pour lequel l'Europe ne devrait pas se reposer sur ses lauriers –, j'avais du mal à me sentir grisé à la perspective d'avoir bientôt une puce électronique incrustée sous la peau ou les emails qui s'affichent en bas de ma rétine.

Mais tout dépend de ce que vous entendez par *connexion homme-machine*, est intervenu le sémillant Daniel Kraft, diplômé de l'école de médecine de Stanford, qui supervisait les programmes médicaux de l'université de la Singularité et avait fondé une organisation active dans le domaine de la prospective biomédicale, FutureMed. Concrètement, certaines de ces interfaces existent déjà, et elles sont plutôt bien acceptées. Certains pacemakers ont une adresse IP et sont pilotables *via* des applications. Lorsqu'il l'a appris, Dick Cheney (c'était le vice-président de George W. Bush de 2001 à 2009, je précise) a eu peur d'être victime d'un hacker !

Ce qui n'aurait pas été une mauvaise chose, a persiflé un dîneur.

Mais Daniel, imperturbable, a poursuivi sur sa lancée : Il existe des casques, pas plus lourds que des écouteurs de musique, qui permettent de capter les ondes du cerveau, si bien qu'en les portant, on peut manipuler des objets virtuels à distance ou déplacer une souris sur l'écran d'un ordinateur. D'autres casques aident à lutter contre la fatigue intellectuelle, en stimulant le cerveau par des décharges électriques, mais ils n'ont pas été approuvés par la Food and Drug Administration. Les Google Glass, qui donnent accès à la réalité augmentée (bientôt, lorsque vous regarderez quelqu'un, les informations disponibles en ligne à son sujet s'afficheront à l'intérieur de vos verres), ne sont encore, certes, qu'à l'état de prototypes, mais elles seront allégées ou remplacées par des lentilles.

Enfin, Daniel a évoqué une discipline émergente, l'optogénétique. Ces gars-là vont remporter l'un des prochains Nobel de médecine ! s'enthousiasmait-il. Pour faire simple, cette technologie consiste à sensibiliser certains neurones à la lumière, puis à les stimuler par des faisceaux lumineux envoyés grâce à de la fibre optique implantée dans le cerveau. Testé sur des souris, cela permet d'agir sur l'humeur de l'animal, de le rendre plus empathique, plus actif ou au contraire aboulique. Une équipe de Stanford projetait d'appliquer bientôt l'optogénétique au traitement de la dépression chez les humains.

En l'écoutant, je saisissais qu'il allait me falloir réviser sérieusement mes idées reçues. J'ai été formé par la tradition de pensée du Vieux Continent, laquelle, jusqu'à nos jours, est fortement imprégnée de dualisme et m'a habitué à réfléchir selon l'opposition entre *nature* et *culture*. Tel que je vois les choses, il y a d'un côté le corps, qui est une donnée naturelle, authentique si l'on veut, et de l'autre, les interventions médicales, les prothèses, qui relèvent de l'artifice. Mon idéal serait de protéger autant que possible le corps de l'invasion des biotechnologies. Mais ce n'était pas ainsi que raisonnaient mes interlocuteurs, à La Jardinière. Eux avaient intégré un modèle de pensée sensiblement différent et qui ne devait pas être très éloigné, disons, de l'anthropologie spontanée du chirurgien : pour eux, le corps était *déjà* une machine. Il n'y avait donc pas de rupture, mais une stricte continuité entre la nature et l'artifice. Or, le corps est une mécanique à la fois fragile et imparfaite. Il convient donc de le réparer – en changeant les dents cariées, par exemple. Mais aussi de l'améliorer autant que nous en sommes capables, sans s'imposer bêtement des limites par scrupule éthique.

Pour ma part, bien que je sois capable de reconnaître la validité scientifique d'une telle vision des choses, je ne sais quel résidu de croyance métaphysique m'empêche d'y adhérer sans réticence.

D'ailleurs, c'est un problème plus qu'épineux et il n'est pas surprenant que deux figures majeures de la philosophie européenne se soient violemment écharpées là-dessus, au tournant du millénaire. Dans un opuscule au titre programmatique, *Règles pour le parc humain*, paru en 1999, l'Allemand Peter Sloterdijk, tirant argument de la néoténie du nouveau-né humain, c'est-à-dire partant de la constatation que le bébé de notre espèce n'est nullement viable au sortir du ventre maternel, mais exige encore une longue période de soins et d'éducation, a rappelé que nous sommes, n'en déplaise à notre amour-propre, rien moins que des créatures d'élevage. Certes, notre espèce n'a pas beaucoup évolué depuis que l'*homo sapiens* a affirmé sa supériorité sur les autres hominidés, il y a quelque cent cinquante mille ans. Cependant, cette relative stabilité ne doit pas nous laisser accroire, *primo*, qu'il existerait quelque chose comme une nature humaine immuable et aussi éternelle que si elle était l'œuvre d'un Dieu, *secundo*, que nous devrions nous abstenir de piloter son évolution. Grand artiste de la formule choc, Sloterdijk résume et condense sa position par quelques affirmations fracassantes : « Il s'agit du conflit fondamental de tout avenir : le combat entre les éleveurs du petit homme et les éleveurs du grand homme – on pourrait aussi dire entre les humanistes et les superhumanistes, les amis de l'homme et les amis du surhomme. »

Dans l'esprit de Sloterdijk, humanistes et superhumanistes diffèrent surtout par leur « programme d'élevage ». En somme, il y a entre eux une simple « querelle d'éleveurs » : les premiers espèrent éduquer l'homme par l'apprentissage de la lecture, l'enseignement des disciplines universitaires et, pour certains, la religion, ce sont donc d'abord et avant tout des idéalités qu'ils souhaitent inoculer aux enfants ; mais les seconds, les superhumanistes, estiment que ces moyens sont encore timides et que la transformation de l'homme par l'élevage mériterait de s'enrichir grâce aux biotechnologies et aux manipulations du génome. « Lorsque Nietzsche parle du surhomme, dit Sloterdijk, il pense à une ère du monde qui se situe bien au-delà du temps présent. Il prend la mesure des processus millénaires passés au cours desquels on a pratiqué la production d'êtres humains, grâce à d'étroites imbrications entre élevage, apprivoisement et éducation... » Dans un pays où le souvenir du IIIe Reich est encore prégnant, cette résurrection du mythe du surhomme, ce plaidoyer pour le perfectionnement de l'espèce ne pouvaient pas rester sans réplique.

Non seulement les *Règles pour le parc humain* ont fait scandale, mais le philosophe Jürgen Habermas, principale autorité intellectuelle de l'Allemagne post-nazie, a répondu en 2002 par un essai au titre plus sobre, *L'Avenir de la nature humaine.* La position de Habermas se laisse résumer en deux mots : Pas touche ! Mais dans son style académique, qui emprunte à la fois à Emmanuel Kant et à la prose des spécialistes du droit constitutionnel, cela donne : « À travers la décision irréversible que constitue l'intervention d'une personne dans l'équipement "naturel" d'une autre personne, naît une forme de relation interpersonnelle jusqu'ici inconnue. Ce nouveau type de relation choque notre sensibilité morale parce qu'il représente un corps étranger dans les relations de reconnaissance juridiquement institutionnalisées dans les sociétés modernes. Si une personne prend pour une autre personne une décision irréversible, touchant profondément l'appareil organique de cette dernière, alors la symétrie de responsabilité qui existe par principe entre des personnes libres et égales se trouve nécessairement limitée. » Comme souvent avec Habermas, plus lourde l'expression, plus léger l'argument. N'importe quel médecin qui décide de poser un pacemaker, n'importe quel chirurgien qui procède à l'ablation d'un organe cancéreux, mieux, n'importe quel couple qui décide d'avoir un enfant, « prend pour une autre personne une décision irréversible, touchant profondément l'appareil organique de cette dernière ». Et ce n'est pas pour autant un sacrilège.

Pour être sincère, j'ai du mal à me situer dans un tel débat, car je ne me sens pas au clair. *Rationnellement*, je serais plutôt du côté de Sloterdijk – je ne crois pas qu'il existe quelque chose comme une essence atemporelle de la nature humaine, dont découleraient des règles éthiques intangibles. Et pourtant, *affectivement*, je penche du côté de Habermas : je n'ai aucune envie de devenir un post-humain, ni que mes enfants sautent le pas. Cela ne me plairait pas d'avoir pour petits-fils et petites-filles des êtres modifiés génétiquement, et je reste mal à l'aise vis-à-vis de tout dispositif qui s'invite dans notre corps, qui franchit la barrière de la peau – pour moi, une simple piqûre est déjà une intrusion. J'ai l'impression que toute intervention perturbe un équilibre vital, qu'il serait préférable de ne pas déstabiliser. C'est évidemment peu rigoureux, comme vision de la santé, car notre corps n'est nullement à l'équilibre – il vieillit, contracte des infections, développe parfois des cancers et, abandonnée à elle-même, sa dynamique mène inéluctablement à la destruction. Pourquoi estimer qu'il conviendrait de le laisser en l'état ?

En écoutant Daniel à La Jardinière, je repensais à la récente conférence mondiale des développeurs d'Apple, où le géant de l'informatique avait annoncé le lancement d'une plateforme d'applications paramédicales, Healthkit. Deux semaines plus tard, Google avait répliqué en énonçant les grandes lignes d'un projet identique, Google Fit. Ces déclarations étaient passées plus ou moins inaperçues en Europe, parce que leur importance n'avait pas été saisie. Or, il semblait bien que les géants du Net avaient, pour le dire brutalement, décidé de rafler le marché mondial de la santé. Un secteur prometteur était en train d'émerger, la « médecine numérique » – que les Américains désignent d'un terme encore plus clair, *mobile health*, « la santé mobile ».

C'est pourquoi, avec une pensée amère pour Habermas et toutes ces belles et nobles illusions auxquelles il nous allait falloir bientôt renoncer, j'ai relancé Daniel :

Mais au fait, que va-t-il se passer avec le Healthkit et Google Fit, les nouvelles plateformes de santé ?

C'est l'avenir de la médecine ! a-t-il répliqué. Aujourd'hui, nous sommes capables de collecter une quantité considérable d'informations sur un patient. Nous connaissons son poids, la pression et la composition de son sang, nous pouvons analyser son code génétique. Par ailleurs, un scanner complet réalise deux mille quatre cents images en coupe du corps du patient, ce qui représente vingt gigaoctets de données exploitables. La masse d'informations récupérables ne cesse d'augmenter, et pour des coûts toujours moindres. Pourtant, aucun médecin n'est capable de lire ni de croiser l'ensemble de ces données, car l'intelligence et le temps de la vie des humains n'y suffisent plus. Autrement dit, ce sont des applications qui vont faire le boulot. En surveillant l'évolution de l'ensemble des variables, ces applications joueront un rôle majeur dans le traitement préventif des maladies – elles feront de l'aide au diagnostic.

Très bien, et si les gens n'ont pas envie de faire ces *check-up*, de peur qu'on leur annonce des mauvaises nouvelles ?

Ils y viendront pour d'autres raisons, répondit Daniel, très sûr de lui. Pour cesser de s'empoisonner. À l'heure actuelle, nous donnons les mêmes médicaments à tout le monde, avec des dosages standardisés. C'est purement et simplement une hérésie. Prenez le cas de l'aspirine. D'abord, nous savons qu'elle n'a aucun effet sur un Caucasien sur trois. Mais avec une connaissance plus détaillée du métabolisme de chaque patient, nous ferons des prescriptions personnalisées. Il est possible que trois cent soixante grammes d'aspirine vous suffisent, tandis que j'en ai besoin de quatre cent soixante-dix. Dans un futur proche, chacun aura ses données biomédicales compilées et mises à jour dans son téléphone portable. Ces informations, une fois partagées avec le médecin, permettront de calculer des posologies adaptées au milligramme près. Vous voyez votre grand-mère avec son semainier de pilules, qui s'intoxique, qui souffre des effets secondaires de médicaments surdosés, qu'elle essaie de corriger par d'autres médicaments surdosés ? Cela aura disparu quand vous serez vieux.

Ultime tentative de rébellion, j'ai demandé à Daniel comment on s'y prendrait pour satisfaire ces nouveaux besoins et produire en quantités industrielles des médicaments personnalisés. Sa réponse, là encore, m'a pris de court :

Eh bien, mais nous utiliserons les imprimantes 3D ! Elles sont déjà capables de synthétiser nombre de molécules actives. Un jour, on vous imprimera vos médicaments. Le médecin vous remettra une ordonnance numérique, sur une clé USB, et vous irez retirer les cachets dans un *fab-lab*. Où est le problème ? Cette technique s'appelle le *bioprinting*. À plus court terme, les prothèses d'orthodontie seront bientôt fabriquées par ces imprimantes, avec une précision insurpassable.

À part moi, je pensais aux lourdes industries pharmaceutiques de la vallée du Rhin et du Rhône. Et je me disais que, décidément, nos économies européennes avaient des pieds d'argile.

Mais une autre conclusion dérangeante s'imposait à l'issue de ce dîner : en effet, j'avais eu jusque-là une conception trop restrictive de l'information. Et Julian Assange aussi, d'ailleurs, même s'il avait eu le génie de comprendre que l'information était l'enjeu majeur de ce début de XXIe siècle, car elle irrigue en permanence le Web. Habitués à opposer nature et culture comme nous le sommes, nous considérons que l'information est nécessairement du côté de la culture. Lorsque nous disons que toute l'information disponible est désormais accessible sur le réseau, nous songeons aux différents savoirs accumulés par les humains. C'est oublier l'existence de l'information biologique.

Que se passera-t-il quand, dans un futur proche, nos données génomiques et biométriques seront numérisées et enregistrées sur notre téléphone portable ? Qui les détiendra, qui sera en mesure de les consulter ou de les utiliser hormis nous ? L'État ? Les entreprises privées ?

Les assureurs ? Les enjeux politiques sont énormes, et les hacktivistes du futur auront du pain sur la planche.

De plus, l'abolition de la séparation entre le biologique et le symbolique, si elle a lieu, aura des conséquences encore très difficiles à évaluer. En admettant que, dans un avenir plus lointain, nous ayons la possibilité de choisir ou modifier les gènes de nos enfants selon une certaine idée que nous nous faisons du bien, ou encore que nos cerveaux soient connectés au réseau, cela signifiera que notre corps sera devenu un texte, lisible et modifiable par d'autres. *L'homme est un être de langage* : cette formule un peu poétique se transformera alors en réalité concrète. Voilà qui était presque inconcevable. Je me massais les tempes ; j'avais positivement besoin de sommeil et mes idées commençaient à se brouiller. Étais-je en train de me laisser contaminer par les science-fictions de mes interlocuteurs ?

Je me suis réveillé le lendemain matin dans un studio du quartier mexicain dont le propriétaire, à plus d'un égard, me ressemblait. Il avait dans sa bibliothèque des livres traduits de Jacques Derrida et de Gilles Deleuze ; un portrait de Susan Sontag surmontait sa bibliothèque. Côte Ouest oblige, il était aussi un peu plus *new age* que moi : une statue de bouddha trônait sur sa table de nuit. Au mur, était accroché un monochrome noir qu'il avait peint lui-même, sur lequel étaient collées des lettres argentées, *ART IS OVER*, « L'ART C'EST FINI ». Du sous-Ben. Une œuvre qui portait bien son message, en tout cas. Au total, le contenu de ce studio – loué sur le Web, bien sûr – était représentatif du fonctionnement de l'intelligence humaine : nous réfléchissons en agrégeant des références intellectuelles et artistiques glanées au hasard, nos pensées proviennent toujours d'un mélange d'influences ; elles ont un caractère fortuit, hétéroclite, non systématique. Ce jour-là, j'avais décidé de m'intéresser de plus près à l'intelligence artificielle, aux opérations beaucoup moins aléatoires que les associations d'idées auxquelles procèdent les cerveaux humains.

Je me suis rendu dans un site étrange à une cinquantaine de kilomètres au sud de San Francisco, le Nasa Research Park.

Croyant bien faire, le loueur, à l'aéroport, m'avait donné un véhicule généreusement surclassé. Au lieu de la petite urbaine deux-portes que j'avais réservée, il m'avait refilé une énorme Cadillac noire, dotée d'un ordinateur de bord, d'une caméra sous le coffre qui s'activait dès que j'enclenchais la marche arrière, de logiciels d'assistance pour calculer la trajectoire des créneaux, et de bien d'autres fonctions mystérieuses. Il s'était exclamé en souriant : Vous allez découvrir une vraie voiture américaine ! Je n'ai pas osé refuser, mais il n'aurait pu me mettre plus mal à l'aise. Je ne suis pas un bon conducteur ; même si je n'ai jamais eu d'accident, je me sens mieux quand le véhicule ne coûte pas cher et que je peux donner des coups de volant ou appuyer sur le champignon sans trop me soucier de la carrosserie. Mais il était écrit que cette Cadillac devait faire partie de mon excursion dans le monde des post-humains. D'ailleurs, elle *parlait*. Elle me demandait de fermer les portières, de penser au plein d'essence ou de tourner à gauche et à droite. Nous aurions presque pu faire la causette ensemble, si un logiciel de conversation avait été intégré. Attendons le prochain modèle.

Blague à part, il existe un logiciel désormais ancien, Eliza, qui était programmé pour vous inciter à vous confier en parodiant le style de relance des psychanalystes. *Oui... Pouvez-vous développer ce point? Mmh... Mmh... Mmh... C'est bien. Hum! Dites-m'en davantage. Mmh... Mais encore? Comment interprétez-vous cette attitude? Ce que vous dites n'a pas de sens. Votre mère? Oui, parlez-moi de votre mère...* Mis au point par un chercheur du MIT dans les années 1960, Eliza est l'un des premiers programmes d'intelligence artificielle; certains prenaient plaisir à s'en servir au point de passer des heures en sa compagnie. Un poète israélien, David Avidan, a même publié un recueil de conversations avec Eliza, *My Electronic Psychiatrist*, «Mon Psy électronique». Serait-elle une compagne idéale pour les longs trajets d'autoroute?

Le Nasa Research Park était défendu par de hautes clôtures, et l'on y pénétrait en montrant patte blanche à un check-point militarisé. La zone était immense. Une partie du terrain appartenait toujours à l'agence spatiale américaine mais, signe des temps, l'autre avait été rachetée par Google. La rumeur prétendait que c'était là que la firme construisait, dans le secret, son superordinateur quantique... Je ne savais pas ce que c'était qu'un superordinateur quantique, ni à quoi cela pouvait servir, même si la formule sonnait bien.

En roulant sur les routes bitumées à l'intérieur du parc, j'apercevais de-ci de-là des bâtiments et des hangars, éparpillés au milieu des étendues semi-désertiques. On se serait cru dans *Objectif Lune*, et je n'aurais pas été surpris de voir apparaître au détour d'un virage la fusée de Tintin – d'ailleurs, une citerne en avait l'allure avec son quadrillage rouge et blanc. Non loin de là, j'arrivai au siège de l'université de la Singularité.

Je souhaitais y rencontrer Neil Jacobstein, spécialiste d'informatique et de robotique, ex-chercheur associé à Stanford. Il était plutôt réticent à l'idée de m'accorder cette interview, car un journaliste britannique avait récemment décrit leur université en des termes peu amènes, comme une secte techno-idolâtre. Prudent, il usa d'abord de précautions oratoires.

Les machines nous surprennent sans cesse, commença-t-il. Chaque fois qu'on a défini une tâche que le cerveau humain est capable d'accomplir mais non l'ordinateur, le défi a été relevé. Cependant, ces rattrapages se font à un rythme qu'il est difficile d'anticiper. Ainsi, en 1957, deux pionniers de l'intelligence artificielle, Herbert Simon et Allen Newell, ont eu l'imprudence de prédire qu'un ordinateur parviendrait à vaincre le champion du monde d'échecs avant 1967. À la fin des années 1960, comme rien de tel n'était encore en vue, Simon et Newell passaient pour des charlatans. Mais en 1997, Deep Blue, conçu par IBM, a mis échec et mat le champion de la discipline Gary Kasparov, au QI de 190. À l'époque, les sceptiques ont rétorqué qu'il était bien normal qu'une machine dotée d'une puissance de calcul immense puisse vaincre un homme aux échecs, c'est-à-dire dans un jeu de stratégie où seuls douze types de déplacements sont autorisés, mais que jamais les ordinateurs ne manieraient le langage naturel humain. Pourtant, en 2011, un autre ordinateur d'IBM, Watson, a vaincu les champions de Jeopardy, jeu de télévision très populaire aux États-Unis dans lequel l'énoncé des questions est souvent allusif ou humoristique. La vraie prouesse de Watson, m'expliqua Neil Jacobstein, est de résoudre les ambiguïtés du langage ordinaire. Et notez bien qu'en 2011, Watson n'était pas connecté à Internet. Aujourd'hui, il l'est, et ce système d'intelligence artificielle commence à être introduit dans le secteur de la finance ou de la santé... Donc, si vous me demandez quand les machines vont atteindre vraiment le niveau d'intelligence de l'être humain, je vous répondrai : d'ici quinze ans. Probablement moins.

Je n'étais pas entièrement convaincu :

D'accord, mais l'intelligence humaine ne se contente pas de résoudre des problèmes, elle est aussi guidée par des émotions, des sentiments...

Bien sûr, admit Neil, et les ordinateurs n'éprouvent aucune émotion. Mais ils sont susceptibles, dans leurs interactions avec les humains, de tenir compte des émotions de ces derniers et de simuler eux-mêmes des émotions adaptées en retour. Une technologie mise au point par des chercheurs du MIT utilise la classification des expressions microfaciales établie par le psychologue Paul Ekman et permet aux ordinateurs, lorsqu'ils échangent avec des humains, d'identifier leur état affectif grâce à une webcaméra ; suivant l'évolution de celui-ci, il est possible de changer de tâche ou de registre de discours.

En prenant congé de Neil, je tombai par hasard sur Zak Allal, un jeune médecin algérien qui venait de créer sa start-up dans le domaine des biotechnologies, spécialisée dans la congélation. Je n'avais pas prévu cette rencontre et apparemment son sujet était éloigné de mes préoccupations, mais les quelques mots que nous avons échangés me sont restés en tête. La start-up de Zak, qui comptait une douzaine d'employés, était engagée dans deux programmes, l'un court et réaliste, l'autre long et presque farfelu. D'abord, le DARPA – l'agence de recherche et développement de l'armée américaine – lui avait demandé de mettre au point une sorte de glacière améliorée. Quand un soldat perd un pied ou une jambe sur le champ de bataille, à cause de l'explosion d'une mine par exemple, cet appareil devait permettre de recueillir le membre sectionné et de le conserver en bon état pendant soixante-douze heures, assez pour le recoudre dans un bloc opératoire à l'arrière. C'était un projet assorti d'un objectif clair, circonscrit, et Zak pensait être en mesure de satisfaire cette demande. Mais la NASA lui avait aussi alloué un budget conséquent pour qu'il tente… de congeler et de dégeler des êtres humains, en vue de missions prolongées dans l'espace, vers Mars, et peut-être aussi vers les planètes situées en dehors de notre système solaire. Ces planètes, le plus puissant de nos engins spatiaux actuels mettrait des siècles à les atteindre, si toutefois une source d'énergie était susceptible d'actionner une machine pendant une telle durée. Pour ce deuxième programme, les difficultés surgissaient de toutes parts.

Si on plonge un corps humain dans la glace, m'expliquait Zak, l'eau qu'il contient gèle et fait exploser les membranes cellulaires, détruisant au passage de grandes quantités de matériel génétique. Il faut donc commencer par déshydrater le corps. Au moment de la décongélation, la réhydratation est encore plus compliquée. Nul ne sait, par ailleurs, si la mémoire ne serait pas endommagée par ces manipulations, ni si le cerveau se remettrait à fonctionner normalement après une telle hibernation.

Ce qui m'a frappé, à entendre l'exposé de Zak, c'était que les organismes d'État américains investissaient dans la recherche sans garantie d'arriver à bon port. C'est le contraire de ce qu'on pratique en Europe : l'Union n'alloue des budgets qu'à des laboratoires capables de montrer, sur dossier et avant d'avoir commencé à travailler, qu'ils parviendront à des résultats concrets au bout de six mois. C'est ignorer la logique de la sérendipité : même si Zak ne parvient jamais à congeler des cosmonautes, il inventera peut-être un procédé qui révolutionnera la chaîne du froid dans la grande distribution, et grâce auquel ses investisseurs et lui-même deviendront des nababs. Viser très loin, n'est-ce pas le meilleur moyen d'avancer au moins d'un pas ?

À bord de ma Cadillac interstellaire, je repris la route vers le nord pour me rendre à Berkeley, au siège du Machine Intelligence Research Institute. J'y avais rendez-vous avec un autre spécialiste de l'intelligence artificielle, Eliezer Yudkowski. Ce dernier avait retenu mon attention à cause d'un article qu'il avait publié dans un ouvrage collectif sur les catastrophes globales : il y soutenait, avec un sentiment d'urgence assez déroutant, que nous devrions nous soucier de fabriquer des intelligences artificielles qui soient «*friendly*», c'est-à-dire bienveillantes. Son argument était le suivant : les intelligences artificielles vont être utilisées pour optimiser nombre d'aspects des sociétés humaines. Mais toutes les optimisations ne sont pas amicales. Ainsi, une société sans personnes âgées et sans handicapés serait plus performante, donc mieux optimisée du point de vue de la macroéconomie classique. Mais est-ce une raison pour éliminer vieillards et trisomiques ? Si nous voulons éviter, à l'ère post-humaine, des sélections drastiques, il est indispensable que nos ordinateurs intègrent des critères éthiques.

Quand je débarquai dans la salle de réunion du MIRI, Eliezer était occupé à couvrir trois grands tableaux blancs d'algorithmes. Mon arrivée sembla le perturber ; à l'aide de son smartphone, il réalisa une vidéo de ses dernières lignes de calcul afin d'en conserver la trace. Je n'étais pas loin d'avoir trouvé, commenta-t-il laconiquement.

Quand il eut terminé, je lui demandai comment il comptait s'y prendre pour rendre les ordinateurs bienveillants envers les êtres humains : faudrait-il qu'ils intègrent la Déclaration des droits de l'homme et du citoyen ou le code pénal dans leurs paramètres ?

Au passage, ma question ne relevait pas seulement de la science-fiction. En fait, nous touchons ici à un problème vertigineux : les programmes informatiques doivent-ils d'ores et déjà être considérés comme des sujets de droit ? Dans les banques d'affaires, dans les compagnies d'assurances, dans le transport aérien, les ordinateurs prennent déjà certaines décisions. Si celles-ci créent des préjudices, qui est responsable : le programmateur, le fabricant de l'ordinateur, l'employé qui l'a utilisé, l'administrateur système de l'entreprise ? Je n'aimerais pas être un juge chargé de trancher un tel dilemme... Philosophiquement, le jour où des entités non-humaines et non-vivantes seront considérées comme des sujets de droit, une étape bizarre aura été franchie…

Moi, je travaille à un méta-niveau, m'a expliqué Eliezer. Je ne m'intéresse qu'à la *normativité indirecte.* Prenons un exemple : un citoyen athénien au IVe siècle avant Jésus-Christ aurait-il été capable de concevoir une charte de normes qui nous conviendrait encore ? Probablement pas, car il n'aurait pas condamné l'esclavage ni l'inégalité des sexes. De la même façon, il nous est impossible d'énoncer des normes qui paraîtront encore pertinentes dans deux mille ans. Mais il existe une solution : vous devez dire à votre intelligence artificielle d'agir à toute époque selon ce que les gens estiment être bons, autrement dit, de ne jamais aller contre les valeurs dominantes d'une société.

Soit, mais peut-on vraiment se passer de normativité directe ? Que se produirait-il dans un État totalitaire, si un consensus social se formait autour d'un projet génocidaire ?

Après que j'ai formulé cette question, Eliezer m'a regardé d'un air affligé, comme si j'étais un attardé mental : Écoutez, beaucoup de choses sont amenées à changer dans les décennies à venir, bien plus que vous ne semblez capable de le supposer. Regardez ça. Il me montra sa tête. Qu'est-ce que vous voyez ? Un ordinateur. Il est fait de cellules, donc de molécules. La matière vivante est composée de vingt acides aminés.

C'est une matière fragile et, par bien des côtés, l'être humain est un cauchemar. D'abord, parce que nous sommes mortels. Ensuite, parce que nous avons des instincts prédateurs. Maintenant, imaginez ce qui se produira lorsque nous téléchargerons nos consciences sur des disques durs. Nous deviendrons potentiellement immortels et nous n'assisterons plus jamais à ces scènes stupides – celle, par exemple, du mari qui bat sa femme parce qu'il a trop bu. Ces comportements primitifs seront éradiqués. C'est pourquoi il vous faut concevoir un monde où nos consciences n'auront plus des acides aminés, mais du silicone pour support. Nous serons délivrés de bien des drames.

Ce serait tout de même dommage de ne plus avoir de corps, de ne plus être incarné, dis-je.

Pourquoi ça ?

Il me semble qu'on perdrait pas mal des choses qui font le charme de l'existence.

Quoi, par exemple ?

Je ne sais pas, moi… L'érotisme, le plaisir sexuel.

À ces mots, Eliezer écarquilla des yeux ronds comme des billes. Il avait des joues épaisses, une carrure d'ours dont il paraissait embarrassé.

Mais les ordinateurs feront l'amour bien mieux que nous ! Toutes les sensations remontent vers le cerveau, n'est-ce pas ? Il n'y a pas de plaisir sans un certain traitement de ces données. C'est pourquoi les futures consciences numérisées éprouveront des sensations sexuelles plus intenses, plus longues que nos pauvres orgasmes. Nous les programmerons exprès pour cela. Pensez donc ! Deux esprits chargés sur ordinateur pourront choisir de partager leurs codes sources : ce qui va enfin devenir possible, c'est du sexe *avec* télépathie, une fusion comme vous n'en avez jamais connu !

Là, je laissais un silence. C'était beaucoup plus grave que je ne m'y attendais.

Mais ce n'est pas l'avenir de l'humanité qui me préoccupe, enchaîna Eliezer. Plutôt celui des galaxies. Considérez les étoiles éloignées de notre Soleil, avec les exoplanètes qui tournent autour. On n'est pas dans un jeu de baraque foraine. On n'atteindra pas la cible en balançant des boîtes de conserve remplies de viande.

Il me fallut quelques secondes pour comprendre que la métaphore désignait les fusées spatiales.

En d'autres termes, l'être humain biologique ne partira jamais à la conquête de l'univers. Cependant, si nous voulons qu'une civilisation intergalactique voie le jour – et c'est mon rêve depuis l'enfance –, il est indispensable que l'exploration et la colonisation de l'espace soient menées par des machines super-intelligentes, par des esprits immortels. Nous sommes à l'aube de cette révolution.

Je lui demandais encore s'il estimait vivre assez vieux pour que ces technologies soient au point et que son esprit soit téléchargé sur un ordinateur.

Je m'intéresse davantage au futur éveil des galaxies qu'à mon cas personnel. Cependant, j'ai signé chez Cryonics, dit-il en me montrant une médaille de métal gravée, retenue autour de son cou par une grosse chaîne. Ça me coûte trois cents dollars par an. Supposons que je meure dans un accident de voiture : ils plongeront mon corps dans du nitrogène liquide. Serai-je plus tard ramené à la vie ? Je l'ignore, mais c'est la meilleure option disponible à l'heure actuelle.

Ainsi donc, Eliezer était frappé du syndrome de Blanche-Neige : dans son nitrogène liquide, il attendrait le baiser d'un ingénieur post-humain tellement curieux de connaître l'aube de l'humanité qu'il aurait décidé de le ressusciter lui, le *nerd* du XXIe siècle. À part moi, je ne pouvais m'empêcher de penser à ce que m'avait raconté Zak : une fois congelé, avec ses membranes cellulaires éclatées, Eliezer ne serait guère plus humain qu'un Mister Freeze.

Mais je pris congé sans le détromper.

L'amour pour l'andréide a encore frappé, me dis-je en redescendant les marches de l'immeuble de rapport, de dimensions modestes, où le MIRI avait ses bureaux, pour me retrouver dans une étroite rue commerçante de Berkeley.

Eliezer rêve d'être transfiguré par la technologie et de s'unir à une femme-ordinateur, un programme à l'intelligence parfaite. Or, cette âme sœur d'un nouveau genre fut longuement décrite par Villiers de l'Isle-Adam, dans son roman *L'Ève future*. Publiée en 1886, cette œuvre est une bizarrerie – l'intrigue relève de la science-fiction, mais le style en est résolument décadent. Le vocabulaire rare, la surenchère de métaphores et de tournures sophistiquées chers aux hommes de lettres de la fin du XIXe siècle y sont mis au service d'une hallucination technophile : Villiers de l'Isle-Adam retrace les circonstances imaginaires dans lesquelles Thomas Edison, l'inventeur du télégraphe et de la lampe fluorescente, fabriqua pour son ami Lord Ewald, ravagé par un chagrin d'amour, une femme aussi idéale qu'artificielle. «Vous prétendez qu'il est impossible de préférer à une vivante l'andréide de cette vivante ? Que l'on ne saurait sacrifier rien de soi-même, ni de ses croyances, ni de ses humaines amours, pour une chose inanimée ? Que l'on ne confondra rien d'une âme avec la fumée qui sort d'une pile ? »

En fait, Edison mène une expérience, dont Lord Ewald est le cobaye – mais Eliezer se porterait certainement volontaire, si l'occasion lui était offerte. Ce qu'aspire à créer le savant, ce n'est pas seulement une automate saisissante de beauté, mais le premier lien entre un homme et une machine qui soit d'authentique amour. « Bref, moi "le sorcier de Menlo Park", ainsi que l'on m'appelle ici-bas, je viens offrir aux humains de ces temps évolués et nouveaux, – à mes semblables en

Actualisme, enfin ! – de préférer désormais à la mensongère, médiocre et toujours changeante Réalité, une positive, prestigieuse et toujours fidèle Illusion. Chimère pour chimère, péché pour péché, fumée pour fumée, – *pourquoi donc pas* ? »

Ayant hâte de revenir parmi les Terriens, je me rendis sur le campus de l'université de Berkeley, où j'avais rendez-vous avec John Searle.

À quatre-vingt-un ans, c'était l'un des principaux philosophes américains vivants. S'il avait été un universitaire français, l'institution l'aurait flanqué de force à la retraite à l'âge de soixante-cinq ans. Mais dans une fac américaine où le seul critère est la compétence, il était encore actif, enseignait, dirigeait des thèses d'étudiants et possédait toujours un bureau sur le campus – une pièce au rez-de-chaussée, remplie de livres, avec au mur une reproduction du *Voyageur devant une mer de nuages*, le tableau romantique de Caspar David Friedrich. Ce choix pictural sentimental m'étonna un peu, car Searle passait pour un âpre rationaliste. Par la fenêtre, on voyait une pelouse plantée de pins sur laquelle s'égayaient des écureuils gris. En somme, ce cadre vieillot était conforme à mes repères.

En 1980, Searle a fait paraître l'un des *papers* les plus marquants de la seconde moitié du XXe siècle, *Minds, Brains and Programs*, « Esprits, Cerveaux et

Programmes». Il y avance, contre la notion d'intelligence artificielle, l'argument dit de la «chambre chinoise». Le seul compte rendu des discussions auxquelles a donné lieu cet article occupe près d'une quarantaine de pages sur le site de la *Stanford Encyclopedia of Philosophy*, l'encyclopédie de référence pour la tradition de pensée anglo-américaine. Doué d'un sens profond de l'ironie, Searle, dont la physionomie futée m'évoquait un renard, avait l'humeur enjouée :

La beauté de l'argument de la chambre chinoise tient à ce qu'il n'est pas lié à un état donné de la technologie. Il est toujours aussi percutant aujourd'hui qu'en 1980. Aussi, malgré les centaines de tentatives de déboulonnage dont il a fait l'objet, il est toujours là, intact.

Au départ, cet argument se veut une réponse au test de Turing. Le Britannique Alan Turing fut un fondateur de la programmation informatique; persécuté à cause de son homosexualité, condamné à la castration chimique, il s'est suicidé en croquant une pomme qu'il avait trempée dans du cyanure – le logo et le nom de la marque Apple lui rendent hommage. En 1950, soit quatre ans avant cette fin tragique, Turing avait proposé un test : si une machine est capable de soutenir une conversation pendant cinq minutes avec un jury composé d'êtres humains et de convaincre une majorité de ces derniers qu'elle est humaine, c'est qu'elle a atteint un niveau d'intelligence comparable au nôtre.

Ma réplique est très simple, m'expliqua Searle : supposez que je sois enfermé dans une pièce et que, par une petite trappe, on me fasse passer des questions en chinois. Je ne parle pas cette langue et ne sais pas lire les idéogrammes. Mais j'ai dans la pièce, à ma disposition, des boîtes remplies de caractères chinois et un manuel fournissant des instructions très détaillées en anglais. Je peux reconnaître la forme générale des caractères chinois et, en m'appuyant sur les instructions que l'on m'a fournies, assembler d'autres caractères de façon à former des réponses adéquates aux questions qu'on m'adresse, puis les faire passer à l'extérieur de la pièce. Mon interlocuteur, qui ne me voit pas opérer, aura l'illusion que je parle le chinois couramment. En vérité, il n'en est rien. De la même façon, je soutiens que les ordinateurs ne comprennent pas les messages qu'ils émettent. En fait, ils ont une compréhension formelle ou syntaxique des énoncés (comme moi, qui suis à même de reconnaître la forme générale des idéogrammes), mais pas de compréhension sémantique (ils n'ont pas accès au *sens*). C'est pourquoi on ne doit pas dire qu'un ordinateur est intelligent ou qu'il a un esprit, au sens où l'homme en a un.

Quand il a exposé pour la première fois cet argument devant un parterre de savants qui menaient des recherches sur l'intelligence artificielle, Searle a semé la consternation. Au milieu du silence embarrassé qui a suivi son allocution, une main timide s'est levée : Croyez-vous qu'ils vont réduire nos budgets ?

Cependant, John Searle me révéla qu'il s'apprêtait, presque trente-cinq ans après le coup de la chambre chinoise, à publier un second argument contre l'intelligence artificielle, plus tranchant.

Là encore, l'argument est assez élémentaire, ce qui le rend difficile à contrecarrer. Il repose sur l'idée que certains traits de la réalité dépendent de l'observateur, qu'ils sont donc *observateur-dépendants*. Et d'autres, non. Prenons un exemple : vous avez un billet de cinquante dollars. Le fait qu'il y a dans votre poche un morceau de papier, c'est-à-dire des fibres de cellulose, est observateur-indépendant. Mais le fait qu'il s'agisse d'un billet de banque est observateur-dépendant : pour quiconque ne connaît pas la monnaie-papier ni le Trésor américain, c'est un banal bout de papier. Maintenant, imaginez qu'un ordinateur batte un homme aux échecs. Il s'agit là d'un événement qui est, lui aussi, observateur-dépendant. Car, en réalité, aucun ordinateur n'a jamais joué aux échecs. La seule chose que fait réellement un ordinateur, c'est de la computation : il existe dans la machine un support avec des cases, dans lesquelles des signaux électriques effacent un 0 pour mettre un 1, ou effacent un 1 pour mettre un 0. Ces opérations sont observateur-indépendantes. Dire que la machine gagne une partie d'échecs, c'est une interprétation de l'observateur humain. En définitive, tous les soi-disant exploits de l'intelligence artificielle sont observateurs-dépendants, et les machines ne jouent pas aux échecs, ne prennent pas de décision et ne réfléchissent jamais.

Avec ce nouvel argument, Searle s'avançait sur le terrain de l'ontologie, soit de la description de l'essence des phénomènes :

Nous autres, humains, avons l'illusion que nos ordinateurs pensent, car nous nous méprenons sur ce qu'ils font en réalité, nous leur prêtons nos propres activités, nous les anthropomorphisons. Vous savez, il y a beaucoup de confusion mentale par ici, dans la Silicon Valley. J'ai écrit une recension pour la *New York Review of Books* du livre de Kurzweil sur la singularité, qui l'a mis carrément en boule. J'ai du respect pour Kurzweil en tant qu'inventeur, mais la seule idée qu'on puisse télécharger une conscience humaine sur des circuits électroniques, comme si penser et faire de la computation étaient une seule et même chose, relève de la fantaisie infantile. Sans compter qu'il veut ressusciter son père et devenir lui-même immortel. Oh, et puis tout ça est vraiment trop stupide... ou est mon iPhone? a demandé John tout à trac. Là, le voici... Regardez donc ce bidule. Il a des fonctions extraordinaires, je l'aime beaucoup, et cependant, ce n'est qu'un paquet de circuits électroniques. Je sais qu'il n'est pas vivant ni doué de conscience, et je serais un malade mental si j'avais une opinion contraire!

Sur le moment, le second argument que Searle m'exposait en avant-première m'a paru très convaincant. Mais en y réfléchissant posément, je me suis rendu compte que, comme dans le cas de Habermas, cette parade de la philosophie traditionnelle aux ambitions démiurgiques des informaticiens était relativement inefficace. Ce n'est pas qu'il y ait une faille logique interne à l'argument, c'est plus embêtant encore. La seconde objection de Searle se balaie du revers de la manche. Qu'importe, en effet, qu'un événement soit observateur-dépendant, si tout le monde s'accorde à reconnaître son existence ? Admettons que, demain, un superordinateur soit chargé de préparer le projet de loi de finance de la France ; que ce soit lui qui répartisse les dépenses d'argent public pour l'année à venir, et que l'Assemblée ne soit plus consultée. En réalité, l'ordinateur n'aura pris aucune décision de finance publique, il n'aura fait que de la computation. Mais qu'est-ce que ça change ? Rien.

Quand on appartient à la société humaine, presque tout est observateur-dépendant. Nous ne mangeons pas avec des bouts de métal, mais avec des fourchettes et des couteaux (objets dont nous avons décidé par convention qu'ils servaient aux repas et qu'ils s'appelaient ainsi). Moi-même, je ne suis pas en train d'enfoncer les touches d'un clavier chromé ultraplat, mais d'écrire un livre (et si je rédigeais une lettre d'amour, ce ne serait plus la même action). De même, vous n'êtes pas en train de manipuler de fines feuilles de cellulose présentant des motifs imprimés à l'encre noire, mais de vous confronter à des discussions philosophiques biscornues. Ainsi, nous n'évoluons pas au pays des *choses en soi*, pas plus que nous ne manions des représentations objectives et neutres. La plupart du temps, nous ne vivons pas au niveau du réel bête et méchant mais à l'étage du dessus, celui du symbolique. De plus, Searle propose sans s'en apercevoir un argument presque théologique. Accorder de l'importance aux événements observateur-indépendants revient, au bout du compte, à considérer que le point de vue non-humain sur la réalité a une valeur. Soit, mais pour qui ?

D'ailleurs, cette contre-attaque vaut aussi pour l'argument de la chambre chinoise : qu'est-ce que j'en ai à faire si le type qui est à l'intérieur ne comprend pas le chinois, du moment qu'il répond correctement aux questions que je lui pose ?

Le lendemain matin, réveillé très tôt par le *jet-lag* et l'excitation de me trouver si loin de chez moi, en Californie, je suis allé faire un footing dans le Golden Gate Park. L'aube poignait, c'était l'heure où les *homeless* sortaient cahin-caha du sommeil. Aux abords des terrains de tennis, je croisai des dizaines de ces zombies qui erraient, en poussant un Caddie ou en portant des sacoches militaires. Au fond de leurs capuches, leurs yeux brillaient comme du mercure, de haine. On est loin, me dis-je, très loin du clochard parisien, poivrot plutôt rabelaisien, avec sa panse rebondie et sa langue bien pendue. C'est qu'ici, le crack a remplacé le litron de rouge – ces sans-domiciles étaient minces comme des lames de rasoir. Dans un pays où la valeur première est la liberté, l'état de nature n'est jamais conjuré. Mais je m'enfonçai dans le parc et quittai les pelouses qu'ils hantaient. Plus avant, les taillis s'épaissirent, les arbres se resserrèrent, le sol se bossela, mais justement, cela ne convenait plus à des vagabonds toujours à la recherche de rencontres, de deals – et moi, je fus comblé de passer deux heures à courir au milieu des écureuils, des ragondins, des mouettes, des canards mandarins et même des bisons monumentaux, qui broutaient dans un enclos.

Palo Alto, au sud de San Francisco, est la ville où furent inventées les psychothérapies familiales, dans les années 1970.

J'y ai rencontré Sonia Arrison, jeune femme que Peter considère comme une amie. Il a préfacé l'essai, sobre et bien documenté, que celle-ci a publié sur l'accroissement de l'espérance de vie, *100+*. Elle travaille, en libéral, comme consultante pour des entreprises qui ont des problématiques de longévité, comme les compagnies d'assurances ou les industries pharmaceutiques. Dans son livre, elle essaie d'imaginer à quoi ressemblera la société quand la durée de vie moyenne dépassera les cent ans. Froide, analytique, elle ne ressemble pas à ces transhumanistes timbrés, comme Aubrey de Grey, l'informaticien et gérontologue de Cambridge arborant une barbe tout droit sortie de l'Ancien Testament, qui n'hésitent pas à affirmer que le premier être humain promis à vivre plus de mille ans a déjà vu le jour ; elle n'est pas non plus de ces *geeks* qui rêvent d'indestructibilité pour leur conscience désincarnée, transposée sur disque dur. Sonia Arrison considère que l'accroissement de la durée de la vie que nous avons connu depuis 1900 va se poursuivre, à peu près au même rythme, tout au long du XXIe siècle. Ce qui est à la fois raisonnable et ambitieux.

Lorsque ma grand-mère est née en 1910, les statistiques lui prédisaient une vie de cinquante-quatre ans. Elle a néanmoins survécu à la fièvre espagnole et à la tuberculose, et je fus très malheureux de la perdre en 2005. Lorsque je suis né en 1975, j'avais une espérance de vie de soixante-dix-huit ans. Si les choses se passent comme pour ma grand-mère, c'est-à-dire si les traitements médicaux m'offrent soixante-dix pour cent de vie en rab, je mourrai à cent trente ans. Vous y croyez, vous ?

Commençons par une objection empirique, ai-je dit à Sonia. En prenant un peu de recul historique, on s'aperçoit que la *durée maximale* de la vie humaine n'a pas vraiment changé au cours des siècles. Dans l'Antiquité, il y avait déjà des centenaires. D'après ce que nous savons, personne n'a vécu plus vieux que Jeanne Calment, soit plus de cent vingt-deux ans. Par conséquent, la médecine a surtout augmenté la *proportion* de gens qui s'approchent de la durée de vie maximale – ce qui est déjà une très bonne chose. Mais elle n'a jamais fait bouger significativement cette dernière.

Oui, a-t-elle admis, mais les progrès de la science médicale, jusqu'ici, ont surtout concerné le combat contre les infections. Bientôt, nous saurons remplacer les tissus ou les organes usés. L'équipe d'Anthony Atala du Wake Forest Institute for Regenerative Medecine vient de réussir à synthétiser des fibres musculaires humaines sur des imprimantes 3D. Bien sûr, ils l'ont fait à petite échelle, mais je pense que c'est sur ce front-là que nous allons gagner du terrain dans les décennies à venir. Un jour, lorsque votre pancréas sera déficient ou atteint d'un cancer, on le scannera puis on en imprimera un autre, qu'on vous greffera.

Et le vieillissement du cerveau ? Ne risque-t-on pas de se retrouver en compagnie de millions de centenaires qui auront perdu la boule ?

Votre inquiétude est légitime. Il est certain que, plus les arrêts cardiaques et les maladies cardiovasculaires reculent, plus Alzheimer devient une source de préoccupation. Bien sûr, il serait aberrant de remplacer le cerveau, car cela reviendrait à tuer une personne. La seule piste sensée est donc de ralentir le vieillissement des cellules cérébrales. Beaucoup de laboratoires planchent là-dessus actuellement.

L'aspect social et familial de la question est aussi très délicat. Comment voyez-vous les choses ?

Mes enfants, qui sont encore très petits, vivront cent cinquante ans. J'en suis convaincue. Au-delà de mon foyer, les conséquences sociales seront immenses. Dans le monde du travail, des juniors de vingt-cinq ans auront à côtoyer des centenaires. Le décalage culturel entre les générations risque d'être problématique. Supposez qu'un chef d'équipe se mette à parler avec enthousiasme de Marilyn Monroe ou John F. Kennedy, et que son assistant lui rétorque : Qui ça ? Ces deux-là auront du mal à s'entendre, à nouer une vraie complicité. Trop de références les séparent. Par ailleurs, les familles recomposées deviendront la norme, et Liz Taylor avec ses huit mariages ne fera plus figure d'exception. Avec la congélation des ovocytes et la gestation pour autrui, certaines femmes qui auront eu leur premier enfant dans la vingtaine décideront de faire le second à quatre-vingts ans, ce qui créera des écarts inédits entre frères et sœurs, oncles et neveux. Un homme comme Eddie Barclay pourrait finir par se remarier avec une femme susceptible d'être l'arrière-petite-fille de sa première fille. Je ne sais pas si vous me suivez, mais cela risque de compliquer pas mal le plan de table à Noël.

J'en conclus que les psychothérapies familiales expérimentées à Palo Alto avaient un boulevard devant elles, mais ne résistai pas à l'envie de poser à Sonia la question inévitable, celle des inégalités.

Cette médecine extraordinaire, qui remplacera les organes abîmés, préviendra la sénilité, ne profitera-t-elle pas qu'aux nantis ?

Sans doute, mais il va y avoir une ruse de l'Histoire. Car les riches vont accepter de débourser des sommes énormes pour ces thérapies innovantes, tandis qu'elles ne seront pas encore au point. Souvenez-vous des premiers téléphones portables qui furent commercialisés au milieu des années 1980 : ils utilisaient une connexion satellitaire, la moindre minute de communication coûtait une fortune, ils étaient réservés aux hommes d'État et aux millionnaires et ne marchaient pas bien. Aujourd'hui, il y a plus de six milliards de mobiles dans le monde, qui fonctionnent beaucoup mieux. En résumé, les riches vont payer très cher pour servir de cobayes. Quand ces nouvelles thérapies seront accessibles au grand public, elles seront nettement plus fiables. Vous pouvez y voir une forme de justice *a posteriori*. Évidemment, il faut que la démocratisation de ces techniques se fasse assez vite, sinon ce sera la guerre civile.

Vous avez compris l'astuce ? La voilà, la carotte. La belle promesse qui va vous convaincre de faire le saut et de vous plugger, de numériser vos données biomédicales, d'abandonner votre corps au réseau : ces gens-là vous offriront, en échange, cinquante ans de vie en plus. Ce n'est pas négligeable. C'est une proposition qui ne se refuse pas à la légère, qui se soupèse.

Pour ma part, à peine la discussion avec Sonia était-elle achevée que j'ai regagné San Francisco. Mais je n'ai pas remis le cap sur mon studio, non, je me suis rendu sur Castro Street, au cœur du mythique quartier gay, le plus branché de la ville. Après avoir garé ma Cadillac, non sans peine, en effectuant un créneau dans une rue extrêmement en pente – mais la carrosserie s'en est tirée indemne ! –, je suis entré au Blush, un bar à vin. Afin de soigner mon espérance de vie, j'ai pris une décision ferme et irrévocable : pas question que je ressorte d'ici avant d'avoir goûté tous les vins rouges que l'établissement servait au verre. Il y en avait une bonne quinzaine, au bas mot. Mais je m'en fichais, j'avais du temps. Par surcroît de sollicitude *healthy*, le Blush proposait des assiettes de fromages et de charcuteries qui feraient mon dîner. Tout y est passé, le Zinfandel de la Napa Valley, le Merlot des Santa Cruz Mountains, le Barbera *bio* de Saint-Amant, improbable localité du comté de San Joaquin... Certains de ces vins ressemblaient à du sirop de cassis alcoolisé, certains avaient un pur goût de fût de chêne à peine délayé par le jus de raisin, mais d'autres étaient charpentés, tanniques, longs en bouche, avec des arômes de cassis, de charbon et de venaison, tout ce que j'aime... Il y avait, au Blush, de la musique *live*. Je me suis retrouvé embringué, assez vite, dans plusieurs conversations psychédéliques avec des lesbiennes, tantôt *bush* et tantôt *fem*, dont à vrai dire je me demandais un peu, pour certaines, à quel point leur préférence pour les femmes était exclusive et s'il ne s'agissait pas d'une feinte, mais bon. Ce n'était pas mon problème. Je n'étais pas là pour draguer, mais pour approfondir mes connaissances œnologiques. En quittant le Blush, très tard dans la nuit, je décidai de rentrer à pied dans le quartier mexicain. Il y en avait pour trois quarts d'heure. Ce qui était amusant, c'est que la ville se gondolait. On parle des *collines* de San Francisco, le mot est faible : le ruban de la rue, au tracé très droit, que je suivais, décrivait des vagues, il était aussi secoué que le tracé du monitoring d'une femme enceinte dans l'heure qui précède l'accouchement. Les architectures, les maisons de bois hautes et austères avaient l'air de s'adapter tant bien que mal, de s'agripper au milieu de ce charivari. Un peu plus, et je me demandais si c'était moi qui titubais, ou si la ville était mise de traviole. Mais la distinction entre intérieur et extérieur est rétrograde et appartient au passé. Et puis, dans un centre-ville numérique, il doit bien exister une fonction Photoshop pour gérer les anamorphoses. Après cette marche, je tombai dans le sommeil comme un sucre dans le café et me désagrégeai dans la nuit.

C'était déjà mon dernier jour de voyage. De bon matin, j'ai roulé vers Pacifica, une petite ville blottie entre une forêt de palmiers luxuriante escaladant les monts et une plage âpre, sur laquelle mugissaient les vagues grises et blanches de l'océan. Comme j'étais très en avance sur l'horaire de mon rendez-vous, j'ai emprunté un sentier côtier pour me dégourdir les jambes, respirer l'air du large et chasser les ombres de ma cuite au Blush.

Là, j'ai croisé un retraité occupé à entretenir un jardinet. La municipalité avait dû fermer l'œil sur son initiative. Sur le lopin de terre communale qu'il s'était arrogé, il cultivait des fleurs et des arbustes. De nombreux oiseaux pépiaient et voletaient autour de lui, car il leur avait installé des mangeoires. Il avait aussi posé, au centre de son aire botanique, une plaque d'émail scellée au sol, avec la bannière étoilée. Sur un écriteau, on lisait : *Mike Mooney's Pacifica Liberty*

Garden. Il s'appelait donc Mike Mooney, Michel le Lunaire. J'étais sans doute l'un des premiers visiteurs et il devait travailler là depuis potron-minet, à en juger par la quantité de mauvaises herbes qu'il avait arrachées. À mon passage, Mike m'a souri avec fierté. Il portait un jean, un K-way et des lunettes noires.

Une preuve que les États-Unis sont une nation jeune, c'est que les vieux y jurent un peu, leurs rides ne sont assorties ni avec leurs fringues ni avec le décor. Prenez n'importe quel village de province français, c'est le contraire. On sent que les vieux y sont chez eux, qu'ils ont là leur biotope idéal. Les murets de pierres, l'église romane, les arbres noueux, les talus déformés, tout y est plus ancien qu'eux. Notre campagne a des relents d'hospice, tandis que le territoire américain rejette les vieillards comme des corps étrangers. Finalement, ce n'était pas un hasard si Peter, Daniel, Eliezer, Sonia et consorts rêvaient de braver la nature et d'ajourner sans fin la vieillesse. Ils voulaient rétablir l'harmonie entre le Nouveau Monde et l'humain – ne pouvant amoindrir la vitalité du premier, ils comptaient rajeunir le second.

À Pacifica, je devais rencontrer Kevin Kelly. Cet homme, après une jeunesse libre passée à se balader sac au dos, avait fini par se poser en Californie au début des années 1980. Il avait d'abord créé un journal écolo, puis le légendaire magazine *Wired*, qu'il avait dirigé de 1993 à 1998. En anglais, *wired* signifie connecté. Comme *The Economist* pour les hommes d'affaires, ce magazine n'avait pas tardé à devenir *la* référence pour ceux qui veulent se tenir informés de l'actualité des nouvelles technologies.

Depuis quelque temps, Kevin Kelly se consacrait à l'écriture de ses livres. En 2010, il avait publié une impressionnante somme, *What Technology Wants*, « Ce que veut la technologie ». Pour tout intellectuel européen qui souhaite réfléchir sur le sujet, il est un texte philosophique incontournable, une conférence de Martin Heidegger publiée en 1954, *La Question de la technique.* Curieusement, pour l'avoir évoqué devant eux, je me suis aperçu que mes interlocuteurs américains n'avaient pas lu ce texte – ni John Searle ni Kevin Kelly n'en connaissaient le contenu. Pourtant, Kevin est arrivé à des conclusions assez proches de celles de Heidegger, sans s'en douter. Dans sa conférence, Heidegger soutient que nous devons cesser de penser la technologie moderne comme un outil. Elle ne correspond plus à l'image du marteau, qu'on laisse dans une caisse et dont on se sert lorsqu'on a besoin de planter un clou. Car l'homme n'est plus en position de maîtrise par rapport aux objets techniques, il en deviendrait plutôt le jouet. Le développement de la technique est désormais un processus autonome, auquel nous assistons dans l'impuissance ; aucun individu, aucune société, aucun État même ne parvient à le diriger ni à l'encadrer. Au départ, à l'aube de la modernité, les intentions étaient plutôt louables : Descartes souhaitait que nous nous rendions un jour «comme maîtres et possesseurs de la nature». Ce défi a pu sembler, brièvement, remporté. Jusqu'au moment où l'on s'est aperçu qu'une nouvelle aliénation s'était mise en place, que la technologie était devenue comme maîtresse et possesseure de l'homme. Ainsi, nous sommes paradoxalement les esclaves de notre maîtrise.

Kevin Kelly, de son côté, tombe d'accord avec Heidegger sur le point principal : la technologie constitue désormais une entité autonome, qu'il appelle dans son essai le *technium*. Cependant, à la différence du philosophe allemand, il n'y voit pas forcément une menace. Le technium cherche-t-il vraiment à nous asservir ? Ce n'est pas sûr, car nous avons des liens quasi familiaux avec lui. D'un côté, le technium est l'enfant de l'humanité – sans elle, il n'existerait pas. De l'autre, l'humanité est fille du technium – car il agit sur nous et transforme notre corps, notre durée de vie, nos capacités. Nous sommes donc à la fois les parents et les enfants de nos outils technologiques. Pour s'entendre avec eux, une thérapie de groupe ne serait pas absurde.

Kevin m'avait expliqué qu'il habitait la dernière maison en haut de Pacifica, avant la forêt. Ce sexagénaire arborant un large collier de barbe blanche, avec une sympathique trogne de marin irlandais, m'accueillit dans une sorte de grange aménagée en bureau, qui lui servait aussi de débarras. Une jeune assistante asiatique travaillait dans un coin. Nous nous sommes installés sur une mezzanine, dans d'épais fauteuils en mousse. Que pensait-il, lui, de la singularité technologique ?

Ce n'est rien d'autre qu'un mythe, dit-il. Comme Superman. Et c'est un mythe très puissant. C'est une idée fantastique qui agit sur les esprits. Pour autant, je n'y crois pas.

Vous ne croyez pas, contrairement à Vernor Vinge et Ray Kurzweil, que nous allons passer une étape décisive vers le milieu de ce siècle ?

Non, les progrès vont continuer, mais il n'y aura pas d'accélération exponentielle de ceux-ci, contrairement à ce que prétend Kurzweil. D'ici la fin du siècle, je suppose que nous aurons trouvé un moyen de nous passer du charbon et du pétrole, mais les nouvelles sources d'énergie que nous emploierons poseront des problèmes inédits. Internet sera une bibliothèque universelle, le niveau d'éducation global sera plus élevé. Mais nous ne serons pas gouvernés par une intelligence artificielle. Le technium évolue plus lentement que cela.

Heureux de rencontrer un homme qui, tout en étant l'un des plus fins observateurs de la technologie, avait gardé les pieds sur terre, j'en profitai pour lui poser une question carrément énorme, écrasante :

Selon vous, à quoi ressemblera l'humanité dans cinq mille ans ?

Kevin Kelly inspira profondément. Je m'attendais à ce qu'il réponde à cette demande impossible par une boutade, mais au contraire, il la prenait très au sérieux. Il voulait, il allait répondre.

Dans cinq mille ans... D'abord, je pense que les êtres humains existeront encore. Ce qui n'est pas une évidence pour tout le monde. Ensuite, je fais l'hypothèse que l'évolution de notre espèce va se séparer en plusieurs branches, sous l'action du technium. Vous connaissez les Amish, qui en sont restés aux technologies du XVIIe siècle ? Je les aime bien, j'ai même vécu quelque temps parmi eux. Eh bien, je pense que le phénomène va se reproduire : pour chaque innovation majeure apportée dans le domaine de la génétique ou des interfaces homme-machine, certaines aires de civilisation refuseront de faire le saut – pour des raisons religieuses, éthiques ou politiques. Si bien qu'il y aura des humains semblables à ceux que nous connaissons aujourd'hui, mais aussi des humains modifiés génétiquement, des humains augmentés technologiquement, des hybrides, etc. En somme, dans cinq mille ans, l'humanité ne sera plus une.

Dans ces conditions... que deviendront l'humanisme ou la Déclaration universelle des droits de l'homme ?

Je l'ignore, mais leur universalité sera nécessairement remise en cause.

Peut-on imaginer des guerres ou des rapports d'esclavage entre post-humains et humains ?

Tout est envisageable, admit-il.

Je soupirai. Mis à part la lecture de Heidegger, il est une autre grande différence entre les Européens et les Américains, si j'y songe : les Européens d'aujourd'hui n'ont plus aucune image du futur à proposer – et cela vaut pour les gouvernements comme pour vous et moi. Lorsqu'on évoque devant nous le XXIIe siècle ou, à plus forte raison, l'an 7000 après Jésus-Christ, nous ne voyons rien, sinon de vagues scènes apocalyptiques de catastrophes naturelles et des accidents nucléaires globaux. Nous avons l'impression de nous diriger vers une destruction inéluctable.

C'est étrange de vous entendre… L'Europe a inventé la notion de progrès. L'essor de la Raison fut même le grand projet des Lumières. Mais nous sommes fatigués, nous n'y tenons plus…

Tout en prononçant ces mots, je repensais à une remarque que j'avais trouvée dans plusieurs écrits de Peter Thiel : nombre de ses amis les plus intelligents, se plaignait-il, étaient devenus pessimistes au sortir de leurs études, à leur entrée dans le monde du travail, si bien qu'ils s'étaient mis à boire. Picoler pour prendre du bon temps en faisant la nique à l'Armageddon : telle lui avait semblé l'attitude dominante parmi les jeunes diplômés les plus prometteurs de sa génération. Cette réflexion m'avait touché, car à peine avais-je fini mes études que je m'étais mis à boire énormément, pendant plusieurs années. À l'âge où des gens comme Thiel et Zuckerberg avaient trouvé le truc pour faire fortune, je me pochetronnais dans les bars jusqu'à l'aube, sûr que l'Occident courait à l'abîme.

Et pas plus tard qu'hier, j'en avais fait autant.

Kevin Kelly reprit :

Je crois que c'est une question de sagesse. Vous, les Européens, vous êtes un peu plus mûrs que nous autres Américains, vous savez que le technium ne nous délivrera pas de la tragédie. Mais ici aussi, aux États-Unis, la lucidité progresse, et beaucoup de gens commencent à s'apercevoir que le progrès est un chèque en blanc, qu'il n'exaucera pas tous nos désirs. Les Américains deviennent, à leur rythme, intelligents, donc pessimistes. Ceux qui ont pris le relais, pour ce qui est de l'optimisme béat, ce sont les Chinois. Oui, ceux-là, ils sont aussi immatures et niais que nous l'étions à l'époque des Trente Glorieuses. C'est un cycle, vous comprenez ? Plus on avance, moins on s'attend à des lendemains qui chantent.

9

Après Ellingham Hall, j'ai revu Julian. Une fois.

C'était à Londres, dans les locaux de l'ambassade d'Équateur, face au grand magasin Harrods. Par une ironie du sort assez savoureuse, l'homme qui avait bouleversé les règles de la géopolitique en publiant une énorme liasse de câbles diplomatiques avait trouvé refuge, une fois les recours légaux pour empêcher son extradition vers la Suède épuisés, derrière l'une des plus anciennes institutions du droit international, l'inviolabilité des ambassades, garantie en Europe depuis le traité de Westphalie, 1648. Signe que la souveraineté nationale n'est pas à jeter aux orties ?

Ce jour-là, on célébrait en Angleterre les obsèques de Margaret Thatcher. Les passants étaient endimanchés et semblaient appelés par une force presque magnétique ; leurs trajectoires convergeaient vers le parcours du convoi funéraire, ayant pour destination la cathédrale Saint-Paul. Quant au ciel, il était lumineux et limpide.

Victor Hugo est l'auteur de cette description aussi lapidaire que géniale : «Londres. Une rumeur sous une fumée.» Eh bien, ce jour-là, la phrase d'Hugo ne s'appliquait pas. Aucun smog sur la ville, mais une lumière vive de salle de marché, qui piquait presque les yeux. Et pas de rumeur, mais un silence de cristal. À part moi, je songeais à ce que raconte Martin Amis, à propos des jours où il y a, dans la vieille Albion, un mariage, un enterrement ou un décès royal : alors, dit-il, la qualité de l'air paraît modifiée, un fluide invisible relie les citoyens britanniques, c'est indicible, incompréhensible, mais la nation anglaise communie et fait corps.

Une année et demie s'était écoulée depuis ma visite dans le Norfolk, et Julian avait pas mal changé. Il était bouffi, comme s'il s'était mis à boire ou qu'il prenait des antidépresseurs. Il a toujours été, à sa manière, *baby fat*, rebondi comme un bébé. À la réflexion, je ne pense pas qu'il était intoxiqué : cet homme qui avait toujours baroudé à travers le monde souffrait d'être enfermé depuis presque une année dans cette ambassade ; la privation de mouvement l'empâtait.

Une ambassade française, anglaise, italienne ou allemande, c'est en général une demeure seigneuriale avec des dépendances et un jardin – mais l'Équateur n'a pas les moyens de s'offrir une telle représentation dans la ville la plus chère qui soit, après Moscou. Aussi, l'*embajada del Ecuador en Reino Unido* n'était qu'un modeste appartement au premier étage d'un immeuble bourgeois. Deux pièces en avaient été consacrées à Assange : l'une pour qu'il reçoive et travaille avec ses collaborateurs de Wikileaks (depuis Ellingham Hall, cette bande semblait avoir rajeuni et ne se composait plus, comme les troupes en fin de guerre, que de recrues fraîches et inexpérimentées), l'autre pour qu'il y dorme, dans laquelle il avait quelques effets personnels et un tapis de course, pour entretenir au moins une illusion de déplacement. Au sol, un parquet grinçant. Sur les murs, du papier peint granuleux. En guise de mobilier, de vieux meubles, des fauteuils de cuir cossus, certes, mais épuisés. Au milieu de tout cela, un Julian acculé, neurasthénique.

Vraiment, les premières minutes de ce nouvel entretien furent laborieuses. J'avais été envoyé par *Die Zeit*, le quotidien allemand, qui m'avait commandé un article pour ouvrir son supplément culturel, le *Feuilleton*. Dans le premier quart d'heure, j'ai vraiment pensé que je n'arriverais pas à rapporter le papier. Julian parlait d'une voix plus grave que jamais, si bien que de nombreuses syllabes ne sortaient pas de la caverne de sa gorge, restant inarticulées. Il marquait des pauses inquiétantes, parfois de plusieurs secondes, entre les mots. De temps à autre, il me faisait une sorte de mimique adorable, l'air de dire : Putain ! Tu vois à quoi j'en suis réduit, mec…

Ça, c'est un truc que j'apprécie chez lui. Il se présente au journaliste tel qu'il est, il y va au *feeling*. Il n'essaie pas, comme certains gougnafiers du prosélytisme, d'interpréter un rôle ni de vendre sa camelote. S'il est inspiré, il se montrera énergique, iconoclaste et intarissable. Les jours sans, il est éteint, blasé et négatif. Et voilà... Il n'est pas directeur marketing ni *executive manager*, il ne porte pas de masque, il accepte d'apparaître dans sa vérité d'homme.

Son humeur déteignait un peu sur sa vision du monde et Julian s'est mis à brosser un tableau noir de ce qu'était devenu Internet. Il m'a expliqué que le département d'État américain, dans le plus grand secret, interceptait et stockait la totalité des informations postées sur Facebook, ainsi que les emails, les SMS et les conversations téléphoniques des citoyens non américains. Nous étions en avril 2013, c'est-à-dire deux mois avant qu'Edward Snowden n'apporte les pièces à conviction de ce dossier et ne dénonce les programmes de surveillance de la NSA, aussi les propos de Julian me paraissaient-ils relever de l'exagération. Pour être franc, je n'ai même pas tout retranscrit dans mon interview, parce que ces allégations d'un homme traqué risquaient de passer pour une affabulation paranoïaque. Surtout que Julian ponctuait son discours de boutades déconcertantes, du genre : Afin que le monde sache vraiment qui il est, et combien il respecte les libertés, Obama devrait se laisser pousser une élégante petite moustache ! Sacré Assange... Capable de blaguer, alors qu'il était au bord des larmes.

À certains moments, son discours était plus étayé. Il m'a parlé, par exemple, d'un outil technologique que l'armée britannique aurait testé durant la seconde guerre d'Irak : cet outil permet, lors de l'attaque d'un village, de localiser en temps réel tous les habitants *via* leurs téléphones portables. Au début des années 2000, les militaires pouvaient ainsi visualiser simultanément, sous forme de points lumineux bougeant sur un écran, les évolutions de plusieurs centaines de personnes. D'après les informations de Julian, ce chiffre était passé à environ dix mille. Une telle application, employée à mauvais escient par un corps expéditionnaire, serait d'une aide inégalable pour commettre des actes de barbarie et nettoyer une cité de ses habitants – à moins que les personnes menacées ne sachent qu'il convient d'abandonner sans regrets tous ses objets connectés derrière soi en cas d'attaque.

Mais comment vous savez que cette application existe ? ai-je demandé. Vous avez un document ?

Non, mais je le sais, a répondu Mendax dans un sourire.

En somme, Julian était pessimiste. La première génération de hackers, à laquelle il avait appartenu, avait rêvé de bâtir une grande maison du savoir ouverte à toute l'humanité. Et voilà que la bibliothèque était en train de se transformer en une prison cernée de miradors.

À un moment, tandis que nous causions, un de ses affidés lui a apporté une barquette de plastique noir remplie de sushis tiédasses – et il s'est mis à les avaler comme s'il n'avait pas mangé depuis vingt-quatre heures. Puis il s'est arrêté, pensant subitement à autre chose et laissant la moitié du plat.

J'avais quand même envie de lui poser une question embarrassante. Depuis le début, quelque chose m'étonnait dans son attitude. D'un côté, Julian paraissait animé par des convictions éthiques très profondes – non seulement il souhaitait améliorer le monde, mais il était guidé par une certaine idée du bien. De l'autre, il s'était souvent montré irresponsable.

Je voulais vous demander... Devant quelle instance pensez-vous avoir à répondre de vos actes ? La justice suédoise essaie de vous extrader. Nous sommes sur le sol britannique, mais vous êtes réfugié dans l'ambassade équatorienne. Votre passeport australien n'est plus valide. Les Américains rêveraient sans doute de vous inculper au nom de l'Espionnage Act. Finalement, y a-t-il une législation au monde, un tribunal par lequel vous accepteriez d'être jugé ? Et s'il n'y en a pas, vous préoccupez-vous de la manière dont vous êtes perçu par la communauté des internautes ? Est-ce l'opinion du Web, votre garde-fou ?

Julian a souri. En fait, il raffolait de ce genre de questions. Il aimait tout ce qui relevait d'un défi pour l'intelligence et plus notre entretien a progressé – cette fois, je suis resté au moins trois heures –, plus il s'est départi de sa torpeur, plus il s'est animé, passionné ; cet homme-là carburait vraiment au challenge intellectuel.

Il y a deux manières de concevoir les normes, a-t-il répondu. Vous pouvez considérer que les normes sont extérieures aux interactions sociales, qu'elles les précèdent. Le droit positif fonctionne ainsi. Il existait avant nos naissances. Mais ce n'est pas de cette manière que les choses se sont passées avec Internet. Le World Wide Web est né en dehors des lois, il n'y a pas de normes préexistantes qui s'appliqueraient à lui. Ce qui ne signifie pas qu'il n'y a pas de normes du tout, mais que les normes sont produites par les interactions des agents, au fur et à mesure. Suivant la manière dont chacun avance ses pions, les règles du jeu se révèlent. Cela vaut pour les États-Unis comme pour Wikileaks.

C'est marrant ce que vous dites. C'est très proche de ce que raconte Wittgenstein dans ses *Recherches philosophiques.* Vous y pensiez ?

Non. Que dit Wittgenstein ?

Il prend l'exemple de trois enfants qui jouent au ballon. Il existe des règles officielles du football, mais s'il n'y a que trois enfants et une balle, elles ne seront pas respectées. Cependant, Wittgenstein explique qu'il n'est pas possible de jouer sans aucune règle. C'est pourquoi les enfants, en gesticulant, en choisissant de lancer la balle à la main ou de la frapper avec leurs pieds, vont inventer au fur et à mesure des règles qui ne seront jamais écrites nulle part, une grammaire qui surgira du jeu lui-même.

Oui, c'est pareil avec Internet.

Finalement, à la fin de l'après-midi, Julian avait une physionomie ragaillardie. Le grand dépressif qui avait entamé la conversation a laissé la place à un activiste plein d'entrain, considérant que les logiciels libres de cryptographie allaient bientôt déstabiliser la colossale surveillance américaine.

N'importe, je ne pouvais m'empêcher de penser, dans l'atmosphère confinée et un peu glauque de cette ambassade équatorienne – où Julian se trouve encore, à l'heure où j'écris –, que Hegel avait raison : les grands hommes finissent mal, en général. Hegel ne dit pas les choses en ces termes. Il s'exprime un peu plus subtilement. Il constate : « Ce n'est pas le bonheur que les grands hommes ont choisi, mais la peine, le combat et le travail pour leur but. Leur but une fois atteint, ils n'en sont pas venus à une paisible jouissance, ils n'ont pas été heureux. Leur être a été leur action, leur passion a déterminé toute leur nature, tout leur caractère. Leur but atteint, ils sont tombés comme des douilles vides. »

Les grands hommes, lorsqu'ils ont accompli leur mission, tombent comme des douilles vides.

Voilà une expression merveilleuse.

Elle ne saurait s'appliquer à quiconque mieux qu'à Julian.

10

Je dois maintenant rapporter une coïncidence troublante et même bouleversante.

Quand je me suis lancé dans l'écriture de ce livre, j'ai fait appel à une jeune femme à la recherche de boulots alimentaires, pour lui demander de retranscrire littéralement les échanges que j'avais eus avec Philippe. La retranscription des entretiens est, pour le journaliste, un peu comme la correction des copies pour le prof – un boulot ingrat, interminable et inintéressant au possible. Pour taper le contenu d'une heure d'enregistrement, il faut trois fois plus de temps si vous êtes en forme, quatre ou cinq fois plus si vous êtes peu entraîné ou somnolent. Bon, j'avais envie de gagner du temps, aussi ai-je délégué cette tâche machinale. Un soir, peu avant minuit, je suis allé sur un site de transfert pour envoyer mes fichiers audio à celle qui avait accepté ce job, et quand je suis revenu à ma messagerie, juste après avoir effectué cette opération banale, j'avais deux messages.

Le premier me confirmait que mes fichiers avaient bien été transférés.

Le deuxième provenait de l'épouse de Philippe, avec qui je n'avais eu aucun contact depuis notre passage au Paraguay, un an plus tôt.

En deux lignes, elle m'annonçait que Philippe avait mis fin à ses jours.

Je suis resté en arrêt.

Pour certains, le suicide est un acte inenvisageable, impensable. Moi, j'ai grandi avec. Mon enfance a été marquée par le suicide de mon père – ce que j'ai raconté dans deux autres livres. La dépression, le désir de mourir, le passage à l'acte auquel la famille et les proches s'attendent mais qui prend quand même à la gorge, les questions sans réponse que laisse celui qui part de cette façon derrière lui : tout ça, je connais par cœur. C'est la trame de fond de mon enfance, de mon adolescence. Penser au suicide, cela ne revient pas pour moi à rompre un tabou. Cela me ramène à l'un des événements les plus marquants de mon existence.

Pourtant, j'avoue que, dans le cas de Philippe, je n'avais rien vu venir. Je n'avais pas compris qu'il était suicidaire.

Ce qui masquait, dans son comportement général, ce type de pulsion, c'était son côté extraordinairement combatif : il parlait sans cesse, avec fougue. Il aimait expliquer, argumenter, polémiquer. Il considérait qu'il détenait des vérités capitales, qu'il voulait transmettre. Il ne souhaitait pas les publier lui-même, certes, mais il en parlait largement autour de lui. Et puis, il y avait cette maison si grande, si confortable qu'il avait construite de ses propres mains. Les dépressifs d'ordinaire n'ont pas la force de se lancer dans des discours éloquents ni de bâtir des villas. Ils restent tassés sur eux-mêmes, dans leur coin. Le monde extérieur les effraie, ils communiquent peu – Philippe était expansif. D'accord, il avait des théories qui sortaient franchement du tout-venant, mais ce n'était pas une raison.

Le souvenir d'une promenade nocturne que j'avais faite avec Chiara me revint alors à l'esprit.

Au milieu de notre séjour à Asunción, nous avons dîné dans un restaurant de grillades, La Cabrera. À la fin du repas, qui fut accompagné d'un vin chilien noir comme le sang, nous avons déplié sur la nappe une carte de la ville et il nous est apparu que pour rejoindre la rue A., où habitait Philippe, nous n'avions que trois cents mètres à parcourir. Le maître d'hôtel du restaurant a pas mal insisté pour nous appeler un taxi, mais nous lui avons répondu que non, nous irions à pied. Ce n'était pas comme à Lima – nous étions dans un quartier résidentiel, le trajet était court, pourquoi craindre pour notre sécurité ? Légèrement pompettes à cause du vin, nous avons quitté l'air conditionné frais et parfumé du restaurant pour nous engager dans la nuit tropicale.

Paradoxalement, nous nous sommes tellement concentrés sur la carte pour être certains de couper au plus court, que nous avons réussi à nous perdre et nous avons erré une bonne demi-heure dans les rues bordées d'arbres odoriférants. Nous perdions du temps, mais la situation n'était pas alarmante ; devant chaque maison, chaque villa, chaque petit immeuble, il y avait un gardien. Les postures de ces hommes étaient saugrenues. Ils s'installaient en face du portail de leur employeur, carrément sur la chaussée ; affalés dans des chaises de tissu pliables, les pieds posés sur un groupe électrogène, ils regardaient des *telenovelas* en sifflant un thermos de téréré, la boisson nationale paraguayenne, à base de yerba maté. Tous les cent cinquante mètres, nous redemandions notre chemin, dans un espagnol approximatif, à ces gardiens. Ils nous l'indiquaient d'un geste toujours vague, indifférent. Enfin, il s'en est trouvé un plus loquace. Nous en avons profité pour l'interroger : Était-il dangereux, pour nous, de nous balader ainsi ?

Dangereux ? a-t-il dit. Non, il est encore tôt.

J'ai regardé ma montre, qui indiquait minuit.

Mais d'ici deux ou trois heures, ça va devenir très, très dangereux par ici.

Il avait un fusil posé sur l'accoudoir de sa chaise, mais l'apparence de ce quinquagénaire bedonnant indiquait la placidité. Exagérait-il ? Un climat de guerre civile larvée allait-il bientôt régner dans ces paisibles avenues, dont les trottoirs étaient tourmentés seulement par les racines des arbres ?

Ce dernier gardien ayant été plus précis que les autres, nous avons retrouvé la rue A. et la maison de Philippe. À peine avions-nous sonné qu'il a surgi dans l'allée : lui n'avait pas d'employé, mais à la prestesse de son apparition, j'ai compris qu'il montait la garde lui-même. Ancien militaire, il se tenait sur le qui-vive. C'est alors que j'ai réalisé qu'il possédait forcément un fusil.

Le mail de son épouse ne précisait pas comment il s'était suicidé, mais c'était probablement par balle.

En même temps, je saisissais à quel point Philippe avait dû souffrir. En y repensant, et avec les quelques éléments de sa biographie qu'il m'avait confiés, il m'est apparu que la période où il habitait dans les *basements* de New York et se louait comme travailleur à la journée ou à la semaine avait été très dure pour lui ; ce brutal déclassement avait dû sérieusement entamer ses défenses psychologiques. Un Français, un Européen moyen d'aujourd'hui est mal préparé pour affronter une telle situation. C'est terrible à dire, mais j'ai l'impression que, pour un Paraguayen, il en va différemment – l'hypothèse de se retrouver un jour ramené aux conditions de la survie la plus élémentaire n'est pas exclue.

L'Occidental se croit épargné, au-dessus de cet enfer. Quand la misère s'abat brutalement sur lui, il tombe de haut.

Il est un propos du philosophe cynique Antisthène, le maître de Diogène, auquel je pense souvent. On lui demande : À quelle distance faut-il se tenir du pouvoir ? Antisthène réfléchit et répond : Le pouvoir est comme le feu. Il ne faut pas en être trop proche, pour ne pas se brûler. Il ne faut pas en être trop loin, pour ne pas se geler.

Dans les *basements* de New York, Philippe s'est gelé. Il avait échoué loin de son sol natal, sans ressources, dans un milieu hostile, et ne savait pas combien de temps il saurait subvenir aux besoins de sa famille. Il avait eu froid, d'un froid intérieur qui avait abîmé son goût de vivre. Ce n'est peut-être pas ainsi que les choses se sont passées, je ne dispose pas de toutes les pièces du puzzle, mais cela me paraissait probable. Un épisode de grande exclusion sociale lui avait donné des idées noires, jusqu'à lui inspirer l'envie de mourir.

Juste après cette période d'exclusion, Philippe était devenu un truther, et il y avait peut-être un lien entre les deux : puisqu'il appartenait aux sans-grade, aux damnés de la Terre, il se vengerait, ou plutôt, il démontrerait l'iniquité et la corruption, la méchanceté profonde de nos gouvernants et de tous ceux qui sont si habiles à retirer les châtaignes du brasier du pouvoir. En connaissant la vie intime d'Henry Kissinger ou de la famille

Bush, il se hissait au niveau de ces géants – il avait barre sur eux. On l'avait relégué à la périphérie, il revenait au centre du jeu.

Cela me rappelait le ton d'un mail, assez acide, qu'il m'avait envoyé l'été précédent. Il s'impatientait. Je lui avais dit qu'il me fallait plusieurs années pour écrire un livre, que j'avais besoin de ce temps entre la conception initiale et le bon à tirer, mais cela lui semblait démesuré, voire incompréhensible. Qu'est-ce que je mijotais ? Pourquoi j'attendais tant ?

Voici son mail :

« On le fait ou non, ce bouquin ?

Ou mes propos te choquent, Alexandre ?

Tout dépend de toi Alexandre.

Car, si tu décides d'écrire une fiction sur ma vie, j'aurai des droits et tu le sais.

Les droits d'apparaître en France, si notre bouquin paraît... En 2016... Les droits de venir en France TOUT raconter sur le Nouvel Ordre Mondial.

Moi, je ne risque rien ! Je suis dans le top 10 de la liste noire de la franc-maçonnerie internationale. Ils ont tout à perdre en me touchant, Alexandre.

Mais toi ?

Tu as trop pignon sur rue à mon goût.

J'ai étudié ton parcours...

Mais je te sais honnête, sain, du bon côté. J'ai le nez fin, l'instinct, l'intuition pour percevoir cela. Ce qui m'a maintenu en vie et me maintient en vie, encore, jusqu'à aujourd'hui et jusqu'à ma mort.

As-tu peur ?

Car si notre bouquin paraît, je viendrai en France et tu devras présenter en société ton "gentil" héros, et sache que ton gentil héros a une très grande gueule et aucune notion de la peur de la mort.

Mais toi ?

Je commence à douter…

Alors sois clair et réponds-moi !

Merci. »

Non, Philippe. Je n'ai jamais eu peur et tu le sais.

Bien sûr, la parution du livre aurait sans doute créé des tensions entre nous, étant donné que nous n'en attendions pas les mêmes choses. Moi, je considère que les scènes où tu interviens offrent un document incroyablement complet et vivant sur les théories du complot. Autrefois, il y avait bien sûr des rumeurs, mais aujourd'hui, nous sommes passés dans une autre dimension. S'il y a réellement, comme tu me l'as dit, deux à quatre cents millions de truthers, ils sont plus nombreux que tous les journalistes et historiens de la planète réunis. Ce sont donc eux qui sont en train de composer la majeure partie des récits sur notre temps

– et tu étais l'un d'entre eux, sans doute parmi les plus doués. Ta manière de présenter les choses était documentée, souvent convaincante, et rehaussée d'anecdotes savoureuses. Tout cela, j'avais, j'ai encore envie de l'écrire et de le publier.

Mais toi, tu espérais davantage de cette publication, et ce mail plein de défi m'en a fait prendre conscience. Tu considérais que c'était l'occasion de dénoncer publiquement le nouvel ordre mondial, d'appeler l'opinion au sursaut, à la révolte. Tu pensais que le livre allait changer le cours des événements. Là, à mon avis, tu te trompais. Mon livre n'aurait pas la tonalité dénonciatrice que tu espérais, et tu m'en voudrais. Moi-même, si je passais à la radio ou à la télévision pour assurer la promotion du livre, je tiendrais un discours distancié sur les théories du complot, je ne me présenterais pas comme un truther, ce que je ne suis assurément pas – et cela risquait de te rendre furieux, tu interpréterais cela comme une traîtrise ou une défection de ma part.

Oui, je suis conscient de tout cela.

Je n'ai jamais eu peur de publier ce que tu m'as dit, mais je me doutais que cela provoquerait quelques remous et ferait surgir ce désaccord de fond entre nous.

Seulement, les choses ont changé, car tu es mort. Que dois-je faire ?

J'ai envisagé de laisser tomber, de ne pas utiliser nos conversations, contrairement à ce que je t'avais promis. Mais à la réflexion, cela représenterait une trahison pire encore. Cela reviendrait à t'effacer. Tu t'es entêté, tu as lutté, tu as travaillé des milliers d'heures pour mener ces recherches, et comme tu n'as pas publié ne serait-ce qu'une ligne, si je n'en fais rien moi-même, tes efforts n'auront abouti à rien. Je me dis que, même si le genre de livre que je suis en train d'écrire ne te plairait peut-être pas, il vaut mieux le faire que d'y renoncer. Ne rien publier de ce que tu m'as dit, ce serait comme te tuer symboliquement.

Je ne sais pourquoi, j'ai toujours eu la plus grande tendresse pour les marginaux, les grandes gueules, les fracassés de la vie, ceux qui se sont brisés au contact de la réalité et se sont bricolé une sagesse comme on fait une cabane, de bric et de broc.

Enfin si, je sais pourquoi, c'est à cause de mon père.

Il y avait des choses chez toi que je n'appréciais pas, mais dans l'ensemble tu me plaisais bien.

J'aimais ta hargne – et ta souffrance, que je connais maintenant, me touche.

11

En décembre 2014, le Web a atteint l'âge respectable de vingt-cinq ans. Le très discret sir Tim Berners-Lee a profité de cet anniversaire pour sortir de son mutisme et se prononcer sur la manière dont son rejeton, devenu célèbre dans le monde entier, avait grandi. Il a livré quelques speechs, dont l'un à Paris, lors d'un événement où se pressait le gratin de la net-économie, LeWeb. Pour autant, Berners-Lee a fait savoir qu'il n'accorderait aucune interview, ni avant ni après son intervention, qui durerait une heure. Il fallait donc recueillir cette parole rare à la source. Bien sûr, sa conférence était prise d'assaut, mais j'ai eu la chance d'obtenir une accréditation.

L'homme qui est apparu sur la scène était extrêmement sympathique. Âgé de cinquante-neuf ans, le crâne dégarni et les cheveux un peu fous, il avait oublié d'être arrogant. Aucune autosatisfaction chez lui, il donnait plutôt le sentiment d'être, comme Julian, comme Peter, une *intelligence en action.* Sa silhouette de Britannique dégingandé dégageait une impression de vulnérabilité, accentuée par un tic de prononciation déconcertant. Le grand Berners-Lee zozotait. À l'évidence, il n'était pas de ceux qui se complaisent à gloser devant un parterre d'auditeurs conquis. Il était manifeste, à la manière dont il détournait les yeux de la salle, qu'il considérait, en tant que chercheur, que *paraître* ou encore *communiquer* relevaient du temps perdu, que c'étaient des minutes volées à un travail honnête et nettement plus fécond – d'autant que le zozotement n'a pas cours au pays des circuits imprimés.

Comme Julian, Berners-Lee se disait préoccupé par l'état actuel d'Internet, dans lequel il ne reconnaissait plus ses rêves ni ses intentions de départ. C'est même pour cette raison qu'il rompait le silence dont il était coutumier ; il estimait le caractère public et gratuit de la Toile menacé.

Dans son contenu, sa communication fut brève et consacrée à un enjeu qui m'est apparu comme plutôt technique : Berners-Lee était là pour dénoncer la mode récente des *applications.* Les apps sont en effet le cheval de Troie des entreprises capitalistes pour reprendre possession du réseau. Tous les usagers des outils connectés n'en ont pas conscience, aussi ce problème mérite-t-il une explication : du point de vue des entreprises, le péché originel du Web, presque impossible à racheter, est le principe de gratuité sur lequel

Tim Berners-Lee l'a fondé. Les internautes trouvent normal d'accéder à une multitude de services sans rien débourser et se contentent, par habitude, d'ignorer les sites payants. Pour mettre le holà à cette logique résolument anti-marchande, les sociétés privées ont trouvé une voie de contournement : en clair, elles ont décidé de gagner sur les téléphones portables et les tablettes la bataille qu'elles avaient perdue sur les ordinateurs, et se sont mises à proposer, plutôt que des sites écrits en langage HTML, des applications. Les applications peuvent être monnayées. Elles satisfont vos besoins personnels ou professionnels, à condition de verser quelque obole pour leur téléchargement ou de vous abonner.

Aujourd'hui, nous en sommes arrivés au point où les plateformes HTML et les applications sont entrées en concurrence frontale, scandait Tim Berners-Lee. Or, les apps sont ennuyeuses. Elles vous interdisent de les modifier. Elles ne vous donnent pas accès à leurs codes. Elles vous manipulent et vous contrôlent ! Elles vous excluent du jeu, ne vous permettent pas de participer à la grande conversation démocratique ! Ne vous contentez plus d'utiliser le Web, répétait cet homme qui pour sa part n'avait pas cherché à gagner des milliards avec son invention, défendez-le !

Il avait raison, et d'ailleurs la compétition entre le HTML et les applications est toujours ouverte – néanmoins cette question me paraissait relativement circonscrite, au regard de l'importance de la révolution du Web. Tout en écoutant Tim Berners-Lee, je songeai à part moi à la phrase la plus mégalomane qu'un homme ait jamais écrite, du moins à ma connaissance : «Je prépare un événement qui, selon toute vraisemblance, va briser l'Histoire en deux tronçons, au point qu'il faudra un nouveau calendrier, dont 1888 sera l'an I.» C'est Friedrich Nietzsche qui a osé cette déclaration, dans un brouillon de lettre adressée à Georges Brandes en décembre 1888. Quelques semaines plus tard, il s'effondrait dans une rue de Turin, terrassé par la folie. Avec le recul, nous savons aujourd'hui que la prétention de Nietzsche était exagérée, mais pas complètement insensée : son œuvre représente bel et bien une rupture marquante. Cependant, celle-ci a surtout affecté l'histoire de la philosophie – quant à dire qu'elle aurait transformé en profondeur l'infrastructure des sociétés humaines, c'est une autre affaire… Or, s'il était quelqu'un qui pouvait, sans usurpation, assumer en son nom propre une phrase pareille, c'était bien ce Tim Berners-Lee, qui ne savait trop quoi faire de ses bras et de ses jambes tandis qu'il vitupérait dans son micro contre les apps. Son invention, le Web, avait réellement coupé l'Histoire de l'humanité en «deux tronçons». Nous étions en l'an 25 d'une nouvelle ère, me disais-je.

Cette nouvelle ère, cette modernité métamorphosée par le réseau, quel nom lui donnerons-nous ?

Parvenu au terme de mon enquête, j'avoue hésiter encore un peu sur ce choix lexical.

Deux termes, qui furent très à la mode dans les années 1980, se présentent à mon esprit, ceux de post-modernité et d'hypermodernité. Les contours de ces deux concepts ont toujours été un peu nébuleux. Selon les tenants du premier, la grande caractéristique de la modernité était la croyance dans le mythe du Progrès. Une fois ce mythe effondré, nous n'aurions plus de grand récit qui permettrait d'ordonner les événements, de leur donner un sens. Ni le christianisme ni le marxisme ne nous fournissent plus une eschatologie, c'est-à-dire une vision des fins dernières crédible. Être post-moderne reviendrait à faire l'expérience déstabilisante de cette absence de visée… Moi, je veux bien, mais cette description ne correspond pas du tout au climat intellectuel que j'ai trouvé en Californie : les amis de Peter Thiel, les libertariens, les transhumanistes que j'ai rencontrés ont tous un grand récit unificateur à proposer ; comme les plus positivistes des Modernes, ils rêvent de créer un homme nouveau. Aussi, l'ère du réseau ne saurait-elle être qualifiée de postmoderne.

Selon les partisans de l'hypermodernité, notre monde serait soumis à une accélération tellement rapide que nous serions devenus incapables d'anticiper l'avenir. La vitesse des changements tant technologiques que sociaux aurait pour effet de nous coller sur le présent, de nous priver de visibilité. Mais j'avoue que cette image ne me convainc guère, car elle décrit surtout l'impuissance des politiques et des dirigeants d'entreprise à projeter leur action dans le temps long, faute de disposer de mandats assez généreux pour le faire.

C'est pourquoi j'opterai, plus modestement, pour le terme de modernité numérique ou de webmodernité.

La première modernité, qui a duré du début du XVIIe siècle – on peut prendre comme point de départ la parution du *Messager des étoiles* (1610) de Galilée ou du *Discours de la méthode* (1637) de René Descartes – jusqu'à la fin du XXe siècle, était dominée par un régime de séparation. Ce n'est pas pour rien qu'à cette époque triomphent les « idées claires et distinctes », si chères à Descartes. La séparation n'est pas seulement une astuce formelle, elle opère à tous les niveaux. La métaphysique de la modernité est, ainsi, fondamentalement dualiste, qui sépare les entités dont elle traite : elle oppose la culture à la nature, l'homme à l'animal, l'âme au corps, le sujet à l'objet... L'être humain tel que le dépeint Descartes, ce sujet souverain capable de proclamer à la face de l'univers et de Dieu son orgueilleux « Je suis, j'existe », seul et sans l'appui de quiconque, est la grande fiction de ces siècles-là. Aussi, la modernité est-elle accaparée tout entière par des acteurs présentés comme omnipotents et qui sont l'Individu, l'État ou encore l'Entreprise. C'est pourquoi la production de richesses, au cours de ces siècles, est intimement liée à la maîtrise et à l'exploitation des ressources naturelles, mais aussi à la production de biens manufacturés, d'objets. Les sujets modernes sont ceux qui conçoivent, fabriquent, manipulent des objets pour servir leurs buts, devenir propriétaires et garantir leur confort. Opposer le sujet et l'objet, c'est engager avec le monde un rapport d'arraisonnement et de maîtrise. La manufacture, l'usine sont les principales unités de production de la modernité. Concrètement, pour devenir millionnaire à l'époque moderne, il faut devenir capitaine d'industrie et produire à la chaîne, ce qu'a fait Henry Ford, par exemple, en lançant son modèle de Ford T en 1908. De toute évidence, il y a un rapport étroit entre la métaphysique, la politique et le régime de production capitaliste qui ont prévalu au cours de ces siècles.

Notre webmodernité, quant à elle, s'intéresse à ce qui relie, à ce qui connecte, à ce qui abolit la séparation. Elle est en train d'instaurer un imposant régime de relation (on pourrait aussi employer le vieux mot français de « reliement »), auquel il devient de plus en plus difficile d'échapper, en théorie comme en pratique. Cela se ressent à la fois dans le domaine des sciences dures, des sciences humaines et de l'économie. La physique moderne s'intéressait à la matière, qu'elle croyait composée de corpuscules solides, d'atomes. Mais la physique d'aujourd'hui n'a plus affaire qu'à des particules quantiques soumises au principe d'indétermination – qui sont invisibles et qu'on ne peut pas se représenter par des images, mais seulement à travers des matrices de probabilités. Il n'y a plus de matière, donc, mais de l'énergie, des fluctuations, des interactions quantiques. Les géologues nous ont récemment appris que nous avions passé le seuil d'une nouvelle ère géologique, l'anthropocène, dans laquelle le sol que nous foulons de nos pieds est intensément modifié par l'activité humaine. Laquelle est également en train de perturber de manière drastique et potentiellement terrifiante le climat. Résultat, nous ne pouvons plus opposer la Nature à la Culture, mais sommes contraints de nous orienter à travers une Nature dévorée et bouleversée en profondeur par nos artefacts. Quant à la nature humaine, qui semblait si intangible, dont l'humanisme était tellement imbu, elle est en voie d'être dépassée, ou plutôt re-designée, par des techniques médicales, procréatives et génétiques dont certaines sont déjà appliquées, d'autres encore en test ou à venir.

La philosophie de notre temps ne s'intéresse plus tellement à définir de grandes entités abstraites – comme Dieu, l'âme, le monde, le temps… –, mais elle s'efforce de saisir les opérations de langage et les circonstances historiques qui permettent l'essor de telle ou telle théorie. Ainsi, elle n'entrevoit plus de vérité que circonstanciée, resituée dans la trame des interactions linguistiques ou socio-historiques.

Cet état d'esprit se décline bien sûr dans la sphère économique : les dernières entreprises à avoir conquis des positions de monopole et accumulé de gigantesques quantités de capital ne possédaient pas d'usines, mais ont fait surgir des marchés par la technologie. Le Web est utilisé pour faire se rencontrer des offres et des demandes qui étaient jusque-là éparpillées, déphasées. Il y a toujours eu des gens d'accord pour louer leur propre appartement durant les vacances, et d'autres pour venir y séjourner, mais ils n'avaient pas de point de contact : c'est en créant ce type de possibilité que l'on bâtit de nos jours un mastodonte commercial. Concrètement, pour devenir millionnaire à l'époque de la webmodernité, et pour reprendre l'exemple du transport automobile, il convient de fonder un site comme Uber ou BlaBlaCar. Les termes de secteur tertiaire ou de services sont presque trop anciens pour désigner le moteur des économies webmodernes : désormais, la création de richesses est étroitement liée à la mise en réseau. Quand Peter Thiel investit dans Facebook, quand les entreprises décloisonnent les espaces de bureau, quand les travailleurs sont joignables à tout moment sur leurs téléphones portables, quand une bonne partie des activités professionnelles dans les pays développés consiste à traiter des flux d'informations, nous savons, à n'en pas douter, que nous sommes en pleine webmodernité.

La conséquence politique évidente, et Julian, Peter ou Philippe en ont tiré parti chacun à leur manière, est que l'État-nation, l'entreprise industrielle ou les médias – qui représentaient les centres de pouvoirs traditionnels – sont remis en cause. Il est désormais possible d'agir en dehors des cadres qu'ils fixent, de les ébranler ou de conquérir une nouvelle position de pouvoir en les prenant de court. Alors qu'ils étaient jeunes et sans moyens financiers considérables, Julian Assange ou Edward Snowden ont défié la superpuissance américaine. Amazon était pour commencer une start-up, qui vaut désormais davantage que Wal-Mart, la première chaîne de supermarchés des États-Unis. Les truthers court-circuitent les messages émis par les médias *mainstream*, au point de les rendre parfois inaudibles.

Quant au Sujet omnipotent, l'Individu roi de la modernité, il n'est plus indispensable. La conscience n'est plus conçue comme une entité indivisible ni une forteresse, mais comme un nœud dans un filet, une maille dans le réseau. La manière dont nous vivons aujourd'hui, en échangeant constamment des messages avec les personnes que nous aimons, avec nos collègues, avec des connaissances lointaines, s'apparente à une troublante télépathie assistée par les machines. C'est que désormais, on ne peut presque plus rien penser ni ressentir dans la solitude. Nos flux de conscience sont en permanence traversés, désorientés par des messages venus du dehors ; et nous-mêmes en émettons sans cesse. Elle est loin derrière nous, la chambre où Descartes s'était réfugié pour méditer auprès d'un poêle. Il faudrait dorénavant un effort de volonté inouï pour prolonger un tel isolement sur plusieurs jours ou plusieurs semaines, car celui-ci a contre lui les forces de la société et de l'Histoire coagulées. Notre destin est plutôt de penser à plusieurs, en immersion dans le bruit de fond formé par tous les signaux que nous envoient les autres.

En somme, qu'est-ce qui a changé depuis vingt-cinq ans, avec le passage de la modernité à la webmodernité ?

Tout, ou presque.

Tentative d'inventaire :

Hier : la modernité séparait le Sujet et l'Objet. Aujourd'hui : la webmodernité connecte le Sujet et l'Objet.

Hier : solitude passagère. Aujourd'hui : interaction permanente.

Hier : opposition Nature/Culture. Aujourd'hui : Nature artificialisée.

Hier : humanisme. Aujourd'hui : transhumanisme.

Hier : conscience autonome. Aujourd'hui : consciences synchronisées.

Hier : État-nation. Aujourd'hui : État-computer.

Hier : séparation public/privé. Aujourd'hui : visibilité.

Hier : secret (d'État, de l'instruction, bancaire, médical...). Aujourd'hui : transparence.

Hier : *mass media*, séparation émetteur/récepteur. Aujourd'hui : réseaux sociaux, fusion émetteur-récepteur.

Hier : propagande. Aujourd'hui : théories du complot.

Hier : propriété privée stable. Aujourd'hui : échange, partage, usages transitoires.

Hier : hôtellerie. Aujourd'hui : location touristique brève.

Hier : usine, biens manufacturés. Aujourd'hui : start-up, création de marchés virtuels.

Hier : outils techniques maniés par l'humain. Aujourd'hui : milieu technique englobant l'humain.

Hier : rencontres aléatoires. Aujourd'hui : rencontres optimisées et contractualisées.

Hier : Habeas corpus, inviolabilité du corps du citoyen. Aujourd'hui : *Quantified self*, enregistrement et suivi des données biomédicales.

Hier : séparation des savoirs. Aujourd'hui : transdisciplinarité, sérendipité.

Etc.

Ainsi, le réseau des Webmodernes est en train de pénétrer ou d'abattre tous les cloisonnements des Modernes. C'est pourquoi notre époque est parfois difficile à suivre : les notions, les repères avec lesquels nous avons grandi sont frappés de caducité.

Un nouveau monde est en train d'émerger, et nous en devinons tout juste les paysages. Mais cela n'implique pas que nous soyons réduits à l'incompréhension ni à l'impuissance. Il y a même un certain charme à notre situation. Après tout, nous ne faisons pas qu'assister à la mort de la modernité. Nous sommes aussi témoins d'une naissance.

Du même auteur

Essais

Se noyer dans l'alcool ? PUF, « Perspectives critiques », 2001 ; nouvelle édition revue et augmentée, J'ai lu, 2012.
La Grâce du criminel, PUF, « Perspectives critiques », 2005.
Le Téléviathan, Flammarion, « Café Voltaire », 2010.
Contribution à la théorie du baiser, Autrement, 2011 ; J'ai lu, 2015.
Comment vivre lorsqu'on ne croit en rien ?, Flammarion, 2014.

Romans

Premières volontés, Grasset, 1998 ; Pocket, 2006.
Être sur terre, et ce que j'en retiens, Calmann-Lévy, 2001 ; Pocket, 2004.
La Mire, Flammarion, 2003.
Un point dans le ciel, Flammarion, 2004.
De la supériorité des femmes, Flammarion, 2008 ; J'ai lu, 2009.
Quand j'étais nietzschéen, Flammarion, 2009 ; J'ai lu, 2010.
L'Orfelin, Flammarion, 2010 ; J'ai lu, 2013.
Voyage au centre de Paris, Flammarion, 2013 ; J'ai lu, 2015.
L'homme qui aimait trop travailler, Flammarion, 2015.

Ouvrage mis en page
par Dominique Guillaumin, Paris

Achevé d'imprimer
sur Roto-Page
par l'Imprimerie Floch
à Mayenne en novembre 2015

N° d'impression : 89032
Dépôt légal : janvier 2016
ISBN : 978-2-37073-066-4
Imprimé en France